U0640472

与学生谈青春期情感

《"四特"教育系列丛书》编写组　编著

吉林出版集团股份有限公司

全国百佳图书出版单位

图书在版编目（CIP）数据

与学生谈青春期情感／《"四特"教育系列丛书》编写组编著．—长春：吉林出版集团股份有限公司，2012.4
（"四特"教育系列丛书／庄文中等主编．与学生谈生命与青春期教育）
ISBN 978-7-5463-8641-6

I.①与… Ⅱ.①四… Ⅲ.①青春期－情感教育 Ⅳ.① G479

中国版本图书馆 CIP 数据核字（2012）第 044178 号

与学生谈青春期情感
YU XUESHENG TAN QINGCHUNQI QINGGAN

出 版 人	吴　强	
责任编辑	朱子玉　杨　帆	
开　　本	690mm×960mm　1/16	
字　　数	250 千字	
印　　张	13	
版　　次	2012 年 4 月第 1 版	
印　　次	2023 年 2 月第 3 次印刷	

出　　版	吉林出版集团股份有限公司
发　　行	吉林音像出版社有限责任公司
地　　址	长春市南关区福祉大路 5788 号
电　　话	0431-81629667
印　　刷	三河市燕春印务有限公司

ISBN 978-7-5463-8641-6　　　　定价：39.80 元

前　言

学校教育是个人一生中所受教育最重要组成部分,个人在学校里接受计划性的指导,系统地学习文化知识、社会规范、道德准则和价值观念。学校教育从某种意义上讲,决定着个人社会化的水平和性质,是个体社会化的重要基地。知识经济时代要求社会尊师重教,学校教育越来越受重视,在社会中起到举足轻重的作用。

"四特教育系列丛书"以"特定对象、特别对待、特殊方法、特例分析"为宗旨,立足学校教育与管理,理论结合实践,集多位教育界专家、学者以及一线校长、老师们的教育成果与经验于一体,围绕困扰学校、领导、教师、学生的教育难题,集思广益,多方借鉴,力求全面彻底解决。

本辑为"四特教育系列丛书"之《与学生谈生命与青春期教育》。

生命教育是一切教育的前提,同时还是教育的最高追求。因此,生命教育应该成为指向人的终极关怀的重要教育理念,它是在充分考察人的生命本质的基础上提出来的,符合人性要求,是一种全面关照生命多层次的人本教育。生命教育不仅只是教会青少年珍爱生命,更要启发青少年完整理解生命的意义,积极创造生命的价值;生命教育不仅只是告诉青少年关注自身生命,更要帮助青少年关注、尊重、热爱他人的生命;生命教育不仅只是惠泽人类的教育,还应该让青少年明白让生命的其它物种和谐地同在一片蓝天下;生命教育不仅只是关心今日生命之享用,还应该关怀明日生命之发展。

同时,广大青少年学生正处在身心发展的重要时期,随着生理、心理的发育和发展、社会阅历的扩展及思维方式的变化,特别是面对社会的压力,他们在学习、生活、人际交往和自我意识等方面,都会遇到各种各样的心理困惑或问题。因此,对学生进行青春期健康教育,是学生健康成长的需要,也是推进素质教育的必然要求。青春期教育主要包括性知识教育、性心理教育、健康情感教育、健康心理教育、摆脱青春期烦恼教育、健康成长教育、正确处世教育、理想信念教育、坚强意志教育、人生观教育等内容,具有很强的系统性、实用性、知识性和指导性。

本辑共20分册,具体内容如下:

1.《与学生谈自我教育》

自我教育作为学校德育的一种方法,要求教育者按照受教育者的身心发展阶段予以适当的指导,充分发挥他们提高思想品德的自觉性、积极性,使他们能把教育者的要求,变为自己努力的目标。要帮助受教育者树立明确的是非观念,善于区别真伪、善恶和美丑,鼓励他们追求真、善、美,反对假、恶、丑。要培养受教育者自我认识、自我监督和自我评价的能力,善于肯定并坚持自己正确的思想言行,勇于否定并改正自己错误的思想言行。要指导受教育者学会运用批评和自我批评这种自我教育的方法。

2.《与学生谈他人教育》

21世纪的教育将以学会"关心"为根本宗旨和主要内容。一般认为,"关心"包括关心自己、关心他人、关心社会和关心学习等方面。"关心他人"无疑是"关心"教育的最为重要的方面之一。学会关心他人既是继承我国优良传统的基础工程,也是当前社会主义精神文明建设的基础工程,是社会公德、职业道德的主要内容。许多革命伟人,许多英雄模范,他们之所以有高尚境界,其道德基础就在于"关心他人"。本书就学生的生命与他人教育问题进行了系统而深入的分析和探讨。

3.《与学生谈自然教育》

自然教育是解决如何按照天性培养孩子,如何释放孩子潜在能量,如何在适龄阶段培养孩子的自立、自强、自信、自理等综合素养的均衡发展的完整方案,解决儿童培养过程中的所有个性化问题,培养面向一生的优质生存能力、培养生活的强者。自然教育着重品格、品行、习惯的培养;提倡天性本能的释放;强调真实、孝顺、感恩;注重生活自理习惯和非正式环境下抓取性学习习惯的培养。

4.《与学生谈社会教育》

现代社会教育是学校教育的重要补充。不同社会制度的国家或政权,实施不同性质的社会教育。现代学校教育同社会发展息息相关,青少年一代的成长也迫切需要社会教育密切配合。社会要求青少年扩大社会交往,充分发展其兴趣、爱好和个性,广泛培养其特殊才能,因此,社会教育对广大青少年的成长来说,也其有了极其重要的意义。本书就学生的生命与社会教育问题进行了系统而深入的分析和探讨。

5.《与学生谈创造教育》

我们中小学实施的应是广义的创造教育,是指根据创造学的基本原理,以培养人的创新意识、创新精神、创造个性、创新能力为目标,有机结合哲学、教育学、心理学、人才学、生理学、未来学、行为科学等有关学科,全面深入地开发学生潜在创造力,培养创造型人才的一种新型教育。其主要特点有:突出创造性思维,以培养学生的创造性思维能力为重点;注重个性发展,让学生的禀赋、优势和特长得到充分发展,以激发其创造潜能;注意启发诱导,激励学生主动思考和分析问题;重视非智力因素。培养学生良好的创新心理素质;强调实践训练,全面锻炼创新能力。本书就学生的生命与创造教育问题进行了系统而深入的分析和探讨。

6.《与学生谈非智力培养》

非智力因素包含:注意力、自信心、责任心、抗挫折能力、快乐性格、探索精神、好奇心、创造力、主动思索、合作精神、自我认知……本书就学生的非智力因素培养问题进行了系统而深入的分析和探讨,并提出了解决这一问题的新思路、可供实际操作的新方案,内容翔实,个案丰富,对中小学生、教师及家长均有启发意义。本书体例科学,内容生动活泼,语言简洁明快,针对性强,具有很强的系统性、实用性、实践性和指导性。

7.《与学生谈智力培养》

教师在教学辅导中对孩子智力技能形成的培养,应考虑智力技能形成的阶段,采取多种教学措施有意识地进行。本书就学生的智力培养教育问题进行了系统而深入的分析和探讨,并提出了解决这一问题的新思路、可供实际操作的新方案,内容翔实,个案丰富,对中小学生、教师及家长均有启发意义。本书体例科学,内容生动活泼,语言简洁明快,针对性强,具有很强的系统性、实用性、实践性和指导性。

8.《与学生谈能力培养》

真正的学习是培养自己在没有路牌的地方也能走路的能力。能力到底包括哪些内容? 怎样培养这些能力呢? 本书就学生的能力培养问题进行了系统而深入的分析和探讨,并提出了解决这一问题的新思路、可供实际操作的新方案,内容翔实,个案丰富,对中小学生、教师及家长均有启发意义。本书体例科学,内容生动活泼,语言简洁明快,针对性强,具有很强的系统性、实用性、实践性和指导性。

9.《与学生谈心理锻炼》

心理素质训练在提升人格、磨练意志、增强责任感和团队精神等方面有着特殊的功效,作为对大中专学生的一种辅助教育方法,不仅能够丰富教学内容,改革教学模式,而且能使大学生获得良好的体能训练和心理教育,增强他们的社会适应能力,提高他们毕业之后走上工作岗位的竞争力。本书就学生的心理锻炼问题进行了系统而深入的分析和探讨。

10.《与学生谈适应锻炼》

适应能力和方方面面的关系很密切,我认为主要有以下几个方面:社会环境、个人经历、身体状况、年龄性格、心态。其中最重要是心态,不管遇到什么事情,都要尽可能的保持乐观的态度从容的心态。适应新环境、适应新工作、适应新邻居、适应突发事件的打击、适应高速的生活节奏、适应周边的大悲大喜,等等,都需要我们用一种冷静的态度去看待周围的事物。本书就学生的社会适应性锻炼教育问题进行了系统而深入的分析和探讨。

11.《与学生谈安全教育》

采取广义的解释,将学校师生员工所发生事故之处,全部涵盖在校园区域内才是,如此我们在探讨校园安全问题时,其触角可能会更深、更远、更广、更周详。

12.《与学生谈自我防护》

防骗防盗防暴与防身自卫、预防黄赌毒侵害等内容,生动有趣,具有很强的系统性和实用性,是各级学校用以指导广大中小学生进行安全知识教育的良好读本,也是各级图书馆收藏的最佳版本。

13.《与学生谈青春期情感》

青春期是花的季节,在这一阶段,第二性征渐渐发育,性意识也慢慢成熟。此时,情绪较为敏感,易冲动,对异性充满了好奇与向往,当然也会伴随着出现许多情感的困惑,如初恋的兴奋、失恋的沮丧、单恋的烦恼等等。中学生由于尚处于发育过程中,思想、情感极不稳定,往往无法控制自己的情绪,考虑问题也缺乏理性,常常会造成各种错误,因此人们习惯于将这一时期称作"危险期"。本书就学生的青春期情感教育问题进行了系统而深入的分析和探讨。

14.《与学生谈青春期心理》

青春期是人的一生中心理发展最活跃的阶段,也是容易产生心理问题的重要阶段,因此要关注心理健康。本书就学生的青春期心理教育问题进行了系统而深入的分析和探讨,并提出了解决这一问题的新思路、可供实际操作的新方案,内容翔实,个案丰富,对中小学生、教师及家长均有启发意义。本书体例科学,内容生动活泼,语言简洁明快,针对性强,具有很强的系统性、实用性、实践性和指导性。

15.《与学生谈青春期健康》

青春期常见疾病有,乳房发育不良,遗精异常,痤疮,青春期痤疮,神经性厌食症,青春期高血压,青春期甲状腺肿大,甲型肝炎等。用注意及时预防以及注意膳食平衡和营养合理。本书就学生的青春期健康教育问题进行了系统而深入的分析和探讨,并提出了解决这一问题的新思路、可供实际操作的新方案,内容翔实,个案丰富,对中小学生、教师及家长均有启发意义。本书体例科学，内容生动活泼，语言简洁明快，针对性强，具有很强的系统性、实用性、实践性和指导性。

16.《与学生谈青春期烦恼》

青少年产生烦恼的生理原因是什么？青少年的烦恼有哪些？消除青春期烦恼的科学方法有哪些？本书就学生如何摆脱青春期烦恼问题进行了系统而深入的分析和探讨，并提出了解决这一问题的新思路、可供实际操作的新方案，内容翔实，个案丰富，对中小学生、教师及家长均有启发意义。本书体例科学，内容生动活泼，语言简洁明快，针对性强，具有很强的系统性、实用性、实践性和指导性。

17.《与学生谈成长》

成长教育的概念，从目的和方向上讲，应该是培育身心健康的、适合社会生活的、能够自食其力的、家庭和睦的、追求幸福生活的人；从内容上讲，主要是素质及智慧的开发和培育。人的内涵最根本的是思想，包括思想的内容、水平、能力等；外显的是言行、气质等。本书就学生的健康成长问题进行了系统而深入的分析和探讨，并提出了解决这一问题的新思路、可供实际操作的新方案，内容翔实，个案丰富，对中小学生、教师及家长均有启发意义。

18.《与学生谈处世》

处世是人生的必修课，从小要教给孩子处世的技巧，让孩子学会处世的智慧，这对他们的成长至关重要。本书从如何做事、如何交往、如何生活、如何与人沟通、如何处理自己的消极情绪等十个方面着手，力图把处世的智慧教给孩子，让孩子学会正确处理复杂的人际关系。本书体例科学，内容生动活泼，语言简洁明快，针对性强，具有很强的系统性、实用性、实践性和指导性。

19.《与学生谈理想》

教育是一项育人的事业，人是需要用理想来引导的。教育是一项百年大计，大计是需要用理想来坚持的。教育是一项崇高的事业，崇高是需要用理想来奠实的。学校没有理想，只会急功近利，目光短浅，不能真正为学生终身发展奠基；教师没有理想，只会自怨自艾，早生倦怠，不会把教育当作终身的事业来对待。学生没有理想，就没有美好的未来。本书就学生的理想信念问题进行了系统而深入的分析和探讨，并提出了解决这一问题的新思路、可供实际操作的新方案，内容翔实，个案丰富，对中小学生、教师及家长均有启发意义。

20.《与学生谈人生》

人生观是对人生的目的、意义和道路的根本看法和态度。内容包括幸福观、苦乐观、生死观、荣辱观、恋爱观等。它是世界观的一个重要组成部分，受到世界观的制约。本书就学生如何树立正确的人生观问题进行了系统而深入的分析和探讨，并提出了解决这一问题的新思路、可供实际操作的新方案，内容翔实，个案丰富，对中小学生、教师及家长均有启发意义。本书体例科学，内容生动活泼，语言简洁明快，针对性强，具有很强的系统性、实用性、实践性和指导性。

由于时间、经验的关系，本书在编写等方面，必定存在不足和错误之处，衷心希望各界读者、一线教师及教育界人士批评指正。

编者

目 录

第一章

探索情感奥秘

第一节　探索情感　控制情绪

1. 情感心理是如何发生的

　　情感心理是人的大脑对客观事物的态度体验及相应的心理反应。情感心理不是自发产生的，而是在人们的认识过程中由客观刺激引起的。客观刺激不仅包括来自肌体外部的刺激，也包括肌体内部的刺激，当客观刺激符合人们的愿望和需要时，就会产生积极的情绪和情感，如快乐、热爱等；当客观刺激不符合人们的愿望和需要时，就会产生消极的情绪和情感，如厌恶、愤怒等。

　　中学生的情感是极其丰富的，其情感表现为：高亢而热烈，浪漫而激情，跌宕起伏，内容多彩。中学生富有朝气，容易产生感情，也容易产生愤怒。在某种因素的刺激下，他们表现自己的感情大胆而热烈，可以像火一样把人烤焦。然而在强烈的刺激下，他们可以在极短的一瞬间激怒发火，甚至不计一切后果地把自己的愤怒用某种强烈的行为方式发泄出来。此时，他们有可能做出十分可怕的事情来。

　　所以良好的情感对于学生的学习是非常重要的。情绪和情感又是一个人健康成长不可缺少的重要心理因素，一个缺乏良好情绪和情感的人是很难进行有效的生活的。

　　小叶是体育特招生，今年刚考上当地一所不错的高中，家人对这次考试结果都很满意。更好的是，他的女朋友也考上了这所高中。谁料，开学后，女朋友却提出分手，原因是女孩觉得该好好学习了。男孩一时无法接受，无法听老师讲课，在课堂上也会哭泣。

青春期少年由于性心理的驱动，喜欢接近异性。当遇到自己钟情的异性时，爱慕之情便油然而生。也可能是赶时髦心理。中学生心理发展尚未成熟，社会阅历和生活经验有限，从众心理和模仿性极强。大众传媒和现实生活中的恋爱"榜样"，使他们产生了也要尝试一下的赶时髦心理。正如一位初中女生在日记中所写："小梅和方刚好了，静雅和李军约会了好几次。看到班上那么多同学谈了朋友，我也就和他好了。我好想他，可我也不知道看中了他什么，只怕自己将来连朋友都找不到，被同伴们说无能。"还有一种可能就是寄托心里，由于长期体会不到家庭的温暖，就寻找异性寄托情感。

随着中学生身心各方面的迅速发展，各种各样的需求日益增长，但他们对这些需求的合理性认识不足，于是与社会客观现实之间存在矛盾的情感心理。

在青春发育期受生理因素影响下，个体情感就迎来新的发展阶段。青少年开始关注异性，也在意异性对自己的关注，这是人生成长的普遍规律和自然现象。自然成长本该带来自然美好的感觉，但是在校园生活中常有因"爱"而痛苦、情感与学业冲突等不和谐现象的存在。

究其原因是中学生涉世不深、阅历不足、生活经验欠缺，青少年往往对社会缺乏足够的了解，感情胜过理智。因此，在辨别人和事、在处理人际关系时，草率行事，一时感情冲动，压过理智。与异性确立了爱情关系，以后伴随着心理上的变化、发展、成熟，可能会对对方产生不满，进而冷却或是中断彼此间的感情。这种情况，会引起青少年失望的情绪，使之消沉，甚至形成心理障碍；后果是遇事容易冲动，不能冷静、全面地考虑问题。

一名姓钱的初一学生前来咨询说，我在班上学习很刻苦，经常拿第一，如果有时当不了第一，就感觉会被别人说而感到很难受，我该怎么办呢?

3

少年对别人的关于自己的评价特别在意,如果有人评价不符合事实或者不公正就会引起某种愤怒情绪。他们对自己的评价一般落后于对别人的评价,因而对自己的评价往往偏高,对别人的评价往往吹毛求疵。

其实,任何事情发生的原因都是有迹可寻的。中学生产生情绪和情感活动的学习动因包括:学习成绩的好坏,在班级所排名次的前后,是否受到老师的表扬或批评,以及是否得到家长的肯定或否定等。

对于这种情况,中学生需要肯定自己的优点。好学,上进心强永远都是对的,值得大家学习的。要看到每个人的优点和不足。可以在一张纸上分别写上自己和竞争对手的优点和不足,对照着找到自己的差距,要看到身体条件的差异,起点高低等种种原因。多给自己一些肯定,从而争取下一次赶上去。

人际关系的因素也是中学生产生情绪和情感活动的动因。中学生人际关系的内容一般都是围绕学习活动展开的,学习成绩好的学生受同学欢迎,他们就容易产生积极情绪和情感;学习成绩较差,不受同学欢迎的学生就容易产生消极的情绪和情感心理。

此外,中学生的兴趣爱好也是他们情绪和情感产生的重要原因。如有的学生玩电子游戏机着迷而影响了学习,受到老师的批评和家长的指责,感到很难过和内疚。

中学生在进行复杂的学习活动时,情绪和情感的激活水平过高,容易形成干扰,使学习活动的效率下降。反之,在进行简单学习活动时,情绪和情感的激活水平适度,不易形成干扰,则容易提高学习活动的效率。

中学生要认识到紧张情绪会影响学习活动的效率的道理,注意自我情绪的调节。

中学生要认识到学习成绩的好坏同自己利益的兴系,还要把自己的学习同祖国人才的需要和科学事业的发展联系起来,要增强学习欲望。中学生还要自觉地培养自己学习的责任感。

中学生经常会出现些消极的情绪和情感上的困扰，以致影响其学习和生活。因此，向老师请教一些情绪和情感的调节方法是很必要的。

调节情绪和情感的方法很多，可以用日记的形式宣泄自己的情感，也可以用倾诉的方法，找一个好朋友聊天等。如果中学生能把错误的认知改变为正确的认知，那么消极情绪和情感就会被积极的情绪和情感心理所代替。

2. 喜怒哀乐哪里来

每个人的喜、怒、哀、乐表达着内心的独特感受，表达着个人的需要和愿望，同时也调节着人与人之间的社会距离。喜怒哀乐就是情绪的形式，情绪是个体对外界事物的态度，是人脑对客观外界事物与主体需要之间关系的反映。可见，情绪是感情反映的过程，也就是脑的活动过程。

对于每个人来说，情绪都是最重要的心理活动过程，这种活动的存在对于个体的生存有着极其重要的意义。简单来说，情绪对人的功能体现在四个方面：第一是适应功能。情绪是个体生存、发展和适应环境的重要手段，因为情绪引起的生理反应能够发动身体能量，使个体处于适宜的活动状态，便于个体适应环境的变化。第二是动机功能。情绪可以对个体内驱力提供的信号产生放大或增强的作用，从而更有力地激发个体行为。第三是组织功能。情绪可以影响到其他心理活动的组织。第四是信息功能。情绪可以向他人传递个体的内心感受和需要。

珠珠是个性格内向的小女孩，读初中三年级。心情不好时，她总拿文具撒气。把崭新的橡皮戳得千疮百孔，将铅笔从高处摔下，或是在漂亮的练习本上乱写乱画，然后撕成小纸条……在她的书桌上，总能看到文具被虐待后的"残骸"。"珠珠看到漂亮文具就爱买，可买了又不珍惜。"朱女士说，她为这事批评过女儿多次，可她总是满不在乎。"我是存心弄坏文具的,想看看妈妈是否关心我。"珠珠委屈地说,每次和同学闹矛盾、被老师批评,或者表现好没得到表扬时,她心里就堵得慌,可爸爸妈妈只重视考试分数。她想用这个法子吸引他们的注意。

中学生的破坏性行为,是一种心理压抑的宣泄。对于中学生来说,对于情绪的管理显得尤为重要。青春期是中学生内心情感非常丰富的时期,情绪活动也是变化无常的时期。中学生要发挥和运用情绪功能的积极方面,尽可能控制和管理好自己的情绪,培养积极情绪,避免和处理好消极情绪。可以说,情绪与我们如影随形,能否妥善管理情绪影响到个体的生活质量、人格发展、学业进步和人生幸福。

今天的中学生身处文化和价值多元、知识和信息空前开放、自由和个性张扬的时代,却很少接受关于如何管理自己情绪的教育。中学生经常接触的流行歌曲、QQ 聊天、网络游戏,一方面对情绪起到一定的疏导宣泄作用,另一方面又往往加重了负面情绪的"泛滥"。

中学生的情绪波动与成人不同,由于中学生的身心发育尚未成熟,而且正处于青春期,其心理的稳定性较差;他们的情绪波动幅度较成年人大,频率也较成年人高;其情绪波动,甚至有时候消极情绪的产生,都属于在中学这个特殊的发展阶段出现的正常现象。

中学生正处于发展时期,心理仍不够成熟,虽然有一定的自主管理情绪的能力,但自我调节的力量毕竟有限。认识自己的情绪,认识自己最难,对于每一个中学生来说,自己都是"一个熟悉的陌生人"。在情绪上,每个人都有"天使"和"魔鬼"的两面(积极情绪和消极情绪)。中学生要通过换位思考和同理心沟通来认识他人,学会人际沟通,在对待别人的情绪上,让学生能做到"察言观色",了解他人的感受和需要。

一名 17 岁的南京中学生,他和两位同学来镇江玩,走过某中学门口,听见几个本地学生无意中说:"这几个是南京大萝卜。"就这一句话触动了他的神经:"你说什么……"几句争执后,南京的孩子拔出身上水果刀,刺向一位16岁的学生,一刀刺中心脏,这名同学在送医院的途中死亡。悲剧发生在几分钟内,太突然,连对方姓什么都不知道就将其刺死,简直有些莫名其妙,以至于公安部门怀疑这位行凶的学生精神有些不正常。

这起案例就是典型的青少年情感冲动引发的犯罪。12岁到18岁是发育旺盛期,内分泌系统处于旺盛期,性意识处在朦胧状态,这种生理变化会困扰一个青少年,使其因迷茫、困惑、心神不安而重重地冲击学习及生活。中学生这个年龄段,心理学上称为"心理危机时期"。情绪变化像高原地带的天气,刚刚晴空万里,瞬间雨雪交加,变化之大,令人惊咤。

一些心理学家认为,情绪受认知的影响很大。对于同一个问题,不同的人有不同的认识,相同的问题会产生不同的情绪体验。积极的认知能带来积极的情绪体验,消极的认知会导致消极的情绪体验。因此,努力改变认知的方式,使用合理积极的认知方式,无疑是管理情绪的一条重要途径。

中学生认识事物已经开始有自己的独立见解,具备了独立认知的能力,但中学生往往认识问题比较片面,比较激进。

中学生正处于自我发展的"独立与依赖"并存阶段,独立意识开始逐渐的发展起来,他们开始试图在人际交往中施展和证明自己的独立。如果交往成功,他们就能感受到自己的力量,并对自己在社会中生存的能力有了自信。一旦交往失败,这种失败会给他们当头一棒,他们会感到受到了初进社会的沉重打击。这一点心理学家艾里克森早就指出:"中学生的自我意识不断增强的同时,也造成了一定时期内的同一性混乱。"这就是所谓的青少年发展中的同一性危机。乔纳森·布朗在《自我》一书中谈到中学生成长中的"自我"发展时说道:"个体提升的自我意识表现为两个形式,一是对自我的过度关注,二是关注个体在他人心目中的形象。"正是因为这一变化，中学生特别渴望人际交往，人际交往的成败对其情绪影响很大，成为情绪问题产生的主要原因。

中学生要善于对自己的情绪进行调理，其目的不是"杀死"坏情绪或是"抑制"住坏情绪不让其流露出来，而应该给不良情绪提供一个发泄的渠道，引导不良情绪以恰当合理的方式释放出来，以免不良情绪被压抑，影响到身心健康。

3. 什么是情感的两极心理

情感在性质、强度、紧张度等方面存在的向背两极状态，就是情感的两极性。向背两极性不是各占一端，截然对立，而是在一个连续体上的向背两极的变化。

中学生容易动感情，也重感情。一方面，他们充满热情和激情。调查表明，对国家的前途，绝大部分的中学生"充满信心"和"较有信心"。另一方面，他们的情感又极容易受外界的影响，容易发生冲动、波动，有时会因一件小事的成功而欣喜若狂，也会因一次小小的失败而心灰意冷，有时也会为一点小事争得面红耳赤。他们的情绪、情感总在两极摆动，不能冷静地控制自己的情绪。激动时，如同一只打足了氢气的气球乘风飞舞；泄气时，则如同一只斗败的公鸡垂头丧气。他们对自己喜爱之事，积极性很高，对自己不感兴趣之事，则避而远之。这一切都说明了中学生的情绪、情感经常处于大起大落、彼消此长的两极状态，而难以及时地用理智加以控制。解决这一矛盾，学生学会用理智控制感情，遇事能不急不躁，冷静处理。

燕子是高一的一名学生，她以优异的成绩考进了这所重点高中，老师让她做了数学课代表。她也一直很努力的学习，但是第一次期中测试，燕子的成绩很不理想，为此，她郁郁寡欢，没有了以前往的神气。当她去老师办公室领取同学们的作业本时，总是不敢抬头看老师，甚至在同学面前，也显得局促不安。

很多同学一进入高中心里不免产生很大的压力，成绩变的很不稳定，形成了优等生和差生。优等生认为自己一定要更加努力，不能沦落为差生，于是拼命学习，使成绩更上一层楼。而差生则认为自己已经是差生了，老师肯定不会再抱有任何希望在自己身上了，学了也没用。因此，他们成绩一降再降。那么，为什么会出现优生和差生成绩的两极分化呢？又是什么因素导致这种现象的发生呢？

中学生出现成绩两极分化的原因是：高中生就认知的思维水平而言已经初步具备了抽象思维的能力，中学生在进行思考的时候虽然并不再单纯地依靠具体形象的事物来进行，但往往还是以形象思维为主，抽象思维为辅。这种思维的方式决定了他们对问题的思考是不可能全面的，甚至往往还包含着错误。因此，中学生在处理问题时请老师给予一定的帮助和指导就显得尤为必要。

学生中存在的消极心理状态，往往使得一些学生变得更加固执，自以为是，一意孤行，甚至违法犯罪；也使一些学生惰性增长，不求上进，得过且过，浪费青春。

一般地说，这些学生的主要心理矛盾是：

自尊心与自卑感的矛盾。他们由于学习表现、思想表现不好，受到白眼、挖苦、讽刺等冷遇后，长期孤僻沉默，产生对立情绪和破罐破摔的思想；

好胜心与进取心的矛盾。差生并不生来就差，他们亦曾是不甘落后，好胜逞强，但有心学好，却不得其法。当在学习上一次又一次的失败而成绩低劣时，加上教师家长的重批严责，从此失去信心，随波逐流，无所作为。

独立性与依赖性的矛盾。差生还是有要求进步之心的，在一段时间中也能刻苦学习。但由于意志薄弱、懒散成习，依赖思想严重，当其遇到困难时不能得到老师同学的及时指导和帮助，则旧病复发，依然故我，甚至迁怒于人。

青少年各个阶段的心理特征都具有其相对的稳定性和可变性，而且各个阶段的发展顺序先后不能颠倒和超越。但由于教育在各人身上所起的作用程度不一，所以各人在心理发展的速度上，彼此可能会出现差异，甚至是很大的差异。

一名高二学生的求助：我是名高二的学生，自从上高二以来我的精神状态一直很差，学习成绩也一直在后退。

我是个有梦想的学生，有抱负的年轻人，平庸的生活不是我的追求。曾经那个风华正茂的懵懂少年早已是个懂得是非的小伙子了，但我渐渐发现，我心理上的成熟并并没有跟生理上的成熟同步，直到现在，我一直深受一种不适合我的思想控制着，我想摆脱，但总是无法做到，我怀疑自己是不是有什么心理问题。

有时候我的心真的很乱，尤其在晚自修，我发现我的注意力没有像以前那么集中了，特别是在做作业时我的眼睛总会无意中注意到坐在我旁边的同学，心里面会有一种被震慑的感觉，一些会做的题目，很难继续做下去，尤其难静下心来深入的思考问题。我很痛苦，我到底该怎么办？

其实很多中学生都有过类似的问题。从这位同学的话语中可以看得出，他有很强的好胜心态，不甘落于人后，但是，事情往往都是不能急功近利，否则不但会越来越达不到自己的目标，还会逐渐失去信心，最后被自己击垮！

看看周围的同学，是不是感觉别人都在用功，而你却没看进去，因此而着急？是不是觉得大家都比你有实力而担心自己落在别人后面？

是不是觉得心理烦躁不安却又无可奈何？

告诉大家一个方法。首先放松，不要过分去看别人，找一些自己喜欢的东西来看，这样试着集中精力，然后去钻研一道比较难的题，哪怕用很长的时间来完成。用一点一滴的成就感来找自信，把慌乱的情绪一扫而光，时间久了你就不会在意别人在干什么，你自己就会知道自己该做的事了！

中学生要注意学习上的心理平衡；增进自我了解，培养中学生自我接受的态度；中学生不断地了解自己的品质、优点和缺点、成功与失败，在学习中扬长避短，从失败中吸取积极的教训；建立良好的人际关系，培养中学生健全的情绪生活；建立和谐的师生关系和班级环境。这样不仅使他们的身心得到健康的发展，而且对今后的工作成就和社会适应都将起到举足轻重的作用。

中学生要加强自己的素质修养，调整好自己的心态，什么事情都要从积极的方面去考虑，用理智去控制情感，就不会再有矛盾的情感两极性的较量。

4. 别让情绪成为幸福杀手

青少年时期是个情绪化的时期，情绪体验强烈，当个体被情绪体验所感染时，易产生认识偏差，导致行为为情绪所控制的情绪化行为。情绪化行为易造成不良后果，给青少年成长和社会带来危害。所以不要让情绪化成为你幸福的杀手。

青少年朋友，你是否有这样的感受，随着年龄的增加，尤其是进了初中后，你开始有了自己的理想，有时会为了"小小的成功"而觉得前途无量，有时又会为"小小的的失败"而心灰意冷。就像俗话说的"少女的心，秋天的云"。

青春期的青少年情绪起伏大、变化多是普遍现象。他们的情绪变化主要表现为：两极性：或欢呼跳跃、或烦躁不安，或信心十足、或垂头丧气。不一致性：外部表现与内心世界并非一致。特别是对异性，为了掩饰自己的内心世界，故意表现得冷漠、不在意或回避。

朋友，不必惊慌。随着青春期的到来，你的体内内分泌腺分泌旺盛，特别是肾上腺素分泌增多，因此，情绪非常不稳定，时而兴奋激动，时而苦闷烦恼，时而多愁善感。这时，大脑兴奋与抑制不平衡，容易缺乏理智和自我控制能力；加上知识和经验不足，判断事物往往感情色彩太浓，分不清主次，对事物的看法偏激，常常会为一些无足轻重的小事不顺心而反应强烈，甚至大动肝火。青少年应该遇事冷静，学会克制自己的情绪，让自己安全的度过情绪不稳定期。

张宾在上初二时，他那充满爱与欢笑的家庭突然破碎了。父母因为感情不合而离异，从此以后他与妈妈一起生活，曾经的拥有使他觉得现在的自己一无所有。失去爱的心理掺杂着丝丝的恨，犹如一团拨不开的迷雾，笼罩着他那脆弱的心。为什么爸爸离我而去？他不爱我了吗？为什么我和妈妈要搬离曾经那个温暖的家？他们为什么这么残忍？

最初，张宾沉闷不乐、情绪也不稳定。后来因为心理上的打击，他越来越恨爸爸和妈妈，开始强烈的反抗，不管什么事情都和妈妈作对，与妈妈争吵，经常逃学而遭老师的批评。他成了一个典型的"问题少年"。老师们不管他，同学们讨厌他，他自己也抱着破罐破摔的心理。不管别人怎么说他也不听，他觉得自己就是一个"坏孩子"，是一个没人理睬、没人要的孩子，他不相信自己，不相信任何人，他自暴自弃，把自己关在那片只属于自己的"牢笼"里。

在生活中，像张宾这样自暴自弃的孩子还有很多。他们这种自暴自弃的心理，是由多方面的因素造成的，家庭问题、长相烦恼、人际交往、周围环境等因素。张宾家庭生活上的改变，给他幼小的心灵以沉重的打击，使他整天觉得自己很可怜很孤独。对于眼前家庭改变所带来的一切，使他不习惯现在的生活，在他心里，以前的朋友和属于自己的一切都不存在了，在陌生的环境里他显得那样的无助。

戴尔·卡耐基说："学会控制情绪是我们成功和快乐的要诀。"实际上，没有任何东西比我们的情绪（我们心里的感觉）更能影响我们的生活了。

王雪，一个活泼可爱的青少年，正在被病魔悄悄地吞噬生命。她总是感觉自己头痛，开始她只是认为可能是因为学习太紧张了。最后，实在是痛的厉害，她就把这件事告诉了妈妈。妈妈担心女儿有什么事，随即带她去医院检查，结果出来后，令她的家人都大吃一惊，结果是脑瘤。

这一噩耗把这个活泼聪明的女孩子吓住了，怎么也不相信这是真的，尽管医生说这种病可以治疗，但她总是很悲观，整天想着自己快要离开这个世界了，情绪变得越来越不稳定，开始消极，疏远同学朋友。

王雪，这位活泼可爱的青少年，被病魔的侵袭吓住，致使自己对生活失去了希望，心中不断被悲观的阴影笼罩着。王雪因病魔的到来产生的这种悲观心理，从心理学上讲，这是一种因害怕而对生命失去希望的悲观心理。

心理学家对青少年的这种心理进行了剖析，总结了四个方面：环境影响，一个人如果从小就生活在一个被批评或者打骂的环境中，那么这个人很可能会变成悲观者，这一环境可能是家庭环境，也有可能是学校环境。目标不符，一个人如果把目标定的太高而又不能实现时，就会很容易产生这种消极的自卑心理，这样长期下去的话，也会导致悲观心理。自我压抑，青少年学习压力大，在学习压力大的情况下再加上自我压抑，形成的心理压力也不断加大，从而出现悲观心理。

所以，青少年采用正确的方式将压抑疏导才是首选。青少年因生活中的困难或挫折、病魔，在心理上不能接受目前的现状而产生的心理就是消极心理。

在事情还没有结果前，不要去预想坏的结果。善于调节自己的情绪，对身心健康都是有益的。病痛与挫折不会因为你的消极而消失。

你不能左右天气，但你可以改变心情；你不能改变容貌，但你可以展现笑容；你不能控制他人，但你可以掌握自己；你不能预知明天，但你可以利用今天；你不能样样胜利，但你可以事事尽力……很多事情都是可以选择的，情绪也是一样，你选择什么样的情绪，就拥有哪种颜色的天空，拥有什么颜色的天空，你就拥有什么样的人生。所有的一切，都在你的掌控之中。不要让情绪化成为你幸福的杀手。

5. 学会情绪转移

所谓转移作用，就是把对某一对象的情绪转移到另一对象身上。人们常有一种心理倾向，把自己对某一对象的愤怒或喜爱的感情，由于某种原因无法面对对象直接表达或发泄，而转移到其他较为安全或较为大家所接受的替代性的对象身上，从而满足情感需求，化解心理焦虑，缓解心理压力，这就是转移作用。

这是人们常用的一种心理防卫机制。心理学认为，在发生情绪反应时，大脑中有一个较强的兴奋灶，此时，如果另外建立一个或几个新的兴奋灶，便可抵消或冲淡原来的优势中心。因此，当你由于过度的脑力劳动而引起情绪烦躁紧张时，有意识地做点别的事情来分散注意力，可以使神经过程达到平衡缓和，使情绪得到缓解。如听音乐、散步、打球、看电影、骑自行车等正当而有意义的活动，都可以使紧

14

张烦躁的情绪松弛下来。

小明是初二的一名学生，本来他的学习成绩很好，可最近他的成绩却直线下滑。经过了解，原来是小明周围的同学都迷上了上网打游戏，渐渐地他也成了网吧里的常客，成绩自然也就耽误了。幸好老师和家长都及早地发现了这个问题，便对他进行劝说，小明也认识到了自己的错误，他决定把精力都用到学习上。不过，网络的诱惑力实在太大了，这使小明总是"人在书本旁，心在网吧里"，他也明白这样做是不对的。为了强迫自己不去想网络游戏，小明就采用了情绪转移法。每当他忍耐不住想要上网的时候，他就采取一些措施转移自己对于网络的渴望，比如少吃一些东西，看一会儿课外书，或看一会儿电视等等。慢慢地，网络对于他已经没有什么吸引力了，成绩也提上去了。

缓解心理压力的方法：

（1）愉快记忆法

回忆过去经历中碰到的高兴事，或成功时的愉快体验，特别回忆与眼前不愉快体验相关的愉快体验。

（2）放松训练法

放松训练法，是指通过循序交替收缩、放松自己骨骼肌群，细心体验每个肌肉的松紧程度，最终达到缓解个体紧张与焦虑状态的一种自我训练方式。整个放松训练遵循由下而上的原则，具体步骤为：脚趾肌肉放松→→小腿骨肉放松→→臀部肌肉放松→→腹部肌肉放松→→胸部肌肉放松→→背部肌肉放松→→肩部肌肉放松→→颈部肌肉放松→→头部肌肉放松。

放松训练刚开始时最好每天两次，每次30分钟左右，最好配合一些舒缓的音乐。随着练习的熟练化，每次时间可减为20分钟或更短一些，每天两次也可减为每天一次。时间一般安排在午饭后一小时或晚间睡觉之前。

（3）换个新发型

一个人的情绪好坏，似乎与理发扯不上任何关系，其实不然。据新华网报道，意大利心理学家莱森斯建议人们在情绪欠佳时，不妨去理理发，这样可调节心理的不平衡。

研究人员发现，从美发厅出来的女性，不仅看起来漂亮，而且情绪也明显变好。另外，通过将电极接到女性身上的实验观察到，在洗头、梳理并吹干的过程中，她们的精神变得愉快，同时，心律变缓，血压下降。莱森斯还认为，一个人在情绪变坏时，若能改变一下发型，就可以抑制坏情绪的早期发作，又可干扰引起抑郁症激素的产生。

（4）自我暗示法

所谓积极的自我暗示，也就是用积极的思想、语言不断提示自己，克服悲观、沮丧和恐惧心情，使人精神振奋。通过心理暗示的作用，就可以把树立成功心理、发展积极心态这个总原则变成了可以具体操作的方式和手段了。因此，自我暗示法是指用言语对自己进行心理治疗，目的是调整控制自己的情绪、情感、爱好等。通俗地说，是进行自我教育、自我说服。当自己遇到困难感到心里极其不舒服时，可以自言自语："没关系的，我能行的。""相信自己，我一定能够过关的"。反复几次，就会心平气和，心就能获得宁静。

（5）幽默化解法

幽默是最好的情绪防弹衣，也是永不生锈的情绪发动机。拥有良好幽默能力的人，就有办法彻底发挥情绪效能。培养幽默感，用寓意深长的语言、表情或动作，用讽刺的手法，机智、巧妙地表达自己的情绪。

（6）学会宣泄

学会宣泄自己的情绪。心理学家认为：人们不要无限地压抑情绪，而是使情绪得到适当的宣泄。由失败而引起的不愉快情绪在经历一段时间积蓄后，最好让这种情绪得到宣泄。其方法是：可以向知心朋友倾诉你的苦闷，还可以把自己的不快写进日记，写进给朋友的信中。总之，要把不愉快的、压抑的情绪抛到自身之外，这会减轻精神上的负担和压力。发泄的对象、地点、场合和方法要适当，避免伤害他人。

（7）代偿转移术

当需求受阻或者遭到挫折时，可以用满足另一种需要来代偿。这一门课没考好，可争取在另一门课上取得好的成绩，也可以通过分散注意力，改变环境来转移情绪的指向。

（8）自我调节

古语说"心静自然凉"，所以学生们的心理调节、心理暗示在这种情况下尤其重要。在感到心烦意乱的时候，不妨想想一池清水、一片绿林、一片蓝天等各种让人凉快的事物，平静一下心情。同时，也应该及时调整各方面的活动。通风也是调节心情的好办法，可以迅速散去人体周围的热气，让人心里凉快。

6. 学会控制情绪

每个人的情绪都会时好时坏。戴尔·卡耐基说："学会控制情绪是我们成功和快乐的要诀。"实际上没有任何东西比我们的情绪（我们心里的感觉）更能影响我们的生活了。青少年在成长的过程中，也要慢慢学会调节自己的情绪。

《黄帝内经》中说，人有七情六欲，喜伤心，怒伤肝，忧伤肺，思伤脾，恐伤肾。可见，情绪反应是人们正常行为的一方面，但用情过度却会伤害身体。这并不是说要压抑自己的消极情绪。心理学研究表明，"压抑"并不能改变消极的情绪，反而使它在内心深处沉积下来。当它积累到一定程度时，往往会以破坏性的方式爆发出来，给自己和他人造成伤害。比如我们常会看到一些"好脾气"的人，有时会突然发火，做出一些使人吃惊，或者让他自己也后悔的事来，这往往就是平时压抑的结果。同时压抑还会造成更深的内心冲突，导致心理疾病。

小汪是一名来自农村的学生，由于努力学习以优异的成绩考进城里最好的高中。但自从上高中后，学习上失去了原来的优势，不再像初中那样受到老师的重视。在同学交往中，同学都说他傻，他觉得自己说话时，好像总有人在笑他。他不愿意和同学交往，总觉得现在的同学不如初中的同学好，上课也不愿意回答问题，认为其他人好像在议论自己，和同班同学格格不入。

由此可以看出，这位同学因为学习成绩不再优异而走进了自卑的情绪，它所表现出的行为是自我评价过低，自己瞧不起自己。是一种人格上的缺陷，一种失去平衡的行为状态。自卑会使人变得十分敏感，经不起任何刺激。

挫折是客观存在的，每个人都会在生活中体验到各种各样的挫折。挫折对人有弊也有利。挫折对于抵御挫折能力强的人来说是一种动力，它可以激发个体的意志努力，更坚定地朝着自己预定的目标奋力前进，直至达到目标。在这个过程中，他们可以面对现实社会，不断调整自己，不断战胜困难，体验成功的喜悦，积累成功的经验，自信心不断得到增强，人生价值感得到提升。但对抵御挫折能力弱的人来说，挫折是毁灭，会把人压折了腰，他们通常表现为不能正视现实，经常采取逃避行为来应付自己所处的环境，在遇到外部矛盾对立面的实力强大时，就会把攻击的矛头指向自己，自虐自残。

一名男生平时性格内向，有一些不良的习惯，但没有打过架，升入高中后学习的压力加大，在同学交往中处于弱势，经常听别人的指挥,在家里妈妈经常唠叨,别和坏孩子玩,要好好学习。一次,他和一名外班同学发生口角,那名同学骂了他,他压抑不住心中的怒火,打了那名学生。

青少年遇到在人际交往中发生某些矛盾一时难以处理时,往往会以偏激的方式表现出来。

青少年该怎样来控制自己的情绪呢?

(1)向前看。回忆有时会让一个人懊悔不已,以至于深深的自责,越是回忆就陷得越深,如果一个人只能活在回忆里,那么现实生活对他来讲就不存在任意实际的意义!青少年是一朵刚刚绽放的鲜花,美好的前途、快乐的生活还在等着你,不能为了一时之挫而失去了行走的能力。当一颗果子被不小心踩烂时,根本不需要去捡起它,回想它原本的美好,要做到的是,去寻找更好的果子。

(2)享受乐趣。健康的兴趣会给人带来快乐。对学习感兴趣的同学,在吸收新知识的同时,满足了自己的好奇心和求知欲。一些同学爱钻研难题,因为对难题的征服,使他们感受到巨大的喜悦。一些同学爱看课外书刊,广博的知识使他们获得了其他同学的赞赏和尊重。对青少年来说,培养一些健康的兴趣,能使自己获得更多的快乐。

(3)欣赏自我。生活因欣赏而精彩,生命因欣赏而美丽。没有一个人是完美的,"金无足赤,人无完人",不用去刻意磨平自己的棱角,去发展自己的特点,去展示自己的风采!也许你的智力很平常,也许你的成绩并不出众,但善良、勤奋、认真使你踏实、自足、心安理得。你完全可以欣赏一下在平凡的生活中真实的你,带着一丝满足和快乐。

(4)学会幽默。培养幽默感,用寓意深长的语言、表情或动作,用幽默的手法机智、巧妙地表达自己的情绪。

(5)学会宣泄。人在生活中难免会产生各种不良情绪,如果不采取适当的方法加以宣泄和调节，对身心都将产生消极影响。因此，如果有不愉快的事情及委屈，不要压在心里，而要向知心朋友和亲人说出来，或大哭一场。这种发泄可以释放积于内心的郁闷，对于人的身心发展是有利的。

7. 清除坏情绪的病毒

威廉·莎士比亚说："开心的人寿命长。"有些青少年，一遇到事情就想不开；当烦恼袭来的时候，他们总会觉得自己是天底下最不幸的人，好像不论谁都比自己强似的。而事实上，事情并不完全是这样。

研究发现，一个人在焦虑烦躁忧郁时，免疫力会大大下降，抵抗疾病入侵的能力也大大降低。因为人在生气忧郁烦躁时，往往会气血不畅，情绪不佳，经络阻塞，这样不但易患病，且易导致面容憔悴、精神颓废、皮肤变差、气色黯淡不佳。而忧郁症、精神病等各种疾病就是这样产生的，所以，坏情绪是健康的隐性病毒，对人的身心伤害极大。

青少年，凡事抱以积极的心态，多往好处想，这样不仅可以让你拥有轻松愉快的心情，同时也有益身体健康。有一句话说得好，生活不是缺少美，而是缺少发现。失败者视困难为陷阱，成功者视困难为机遇，两者态度不同，人生也就截然不同。凡事从好处想，就会看到快乐，有了快乐就能增添我们生活的色彩，人生才会过得健康幸福。

联合国和平奖的获得者诺曼卡森，在上世纪 60 年代中期，得了一场严重疾病：强直性脊椎炎。在医学上，这种病属于自身免疫性疾病，没有有效的治疗手段。患者经常全身关节疼痛，严重时会全身瘫痪，诺曼卡森当时的情况就是这样。在他住进医院后，医生就宣布他可能只能活几个月，康复的可能性只有五百分之一。然而，诺曼卡森却用他自己独特的方法奇迹般地恢复了健康。

事后，他在谈到自己是如何克服行动上艰难的疾病，恢复健康正常生活时说，他主要的药方就是大量的开怀大笑。他认为生病是因为自己过去生活态度过分严肃而导致的，所以他必须用笑声来逆转问题。而他也用事实证明这句话：快乐是治百病的良药。当你快乐的时候，你的身心会发生很多有益健康的变化。

人生就是一个过程，凡事多往好处想，干吗跟自己过不去呢？有这样一则幽默：一个人老是感觉每天过得不顺心，有一天出门不小心，一脚踩空掉到水里，爬上岸一看，嘿！口袋里还装了一条鱼。如果你以这种心态去生活，坏情绪自然就无机可乘了，那么你就会过得很坦然，同时也会感到无比快乐。

一个人的坏情绪少了，就容易过得快乐，而一个快乐的人身体才会更健康。医学研究还表明，快乐的人能长寿。美国一个医学研究机构曾对一群志愿者进行过一个长达 14 年的追踪调查，调查结果证明，那些志愿者中比较乐观、拥有正面思维的人活得更为长久。一个人能够保持快乐，心灵安详，精神愉悦，就会大大提升自身的免疫力，从而增强抵抗疾病的能力，当然就会远离疾病，活得更健康了。

当时，那些调查研究人员曾先让被调查的人做了一些问卷，这些问卷中包括了了解他们的人生态度与想法的问题。14 年之后，经过研究人员的追踪调查发现，那些对人生持正面态度的人比负面的人多活了 7 岁。美国肯塔基大学对神职人员的最新研究也发现，那些 20 多岁就表现出正面快乐情绪的修女，比那些不快乐的修女多活了 9 岁。快乐就是如此神奇，它看不见，摸不着，却能给人带来勃勃生机和无限的活力。

古时候，有一个秀才要进京赶考，在考试的前些天，他连续做了两个梦。第一个梦是他梦见自己在墙上种白菜；第二个梦是梦见下雨了，他戴着斗笠还打着伞。秀才觉得这两个梦很奇怪，于是就去找算命先生解梦。算命先生说："我看你还是回家吧。高墙上种白菜，不是白费劲吗？戴着斗笠还打着伞，这不是多此一举吗？"秀才一听，就是呀，于是心灰意冷，回到旅店后竟然积虑成疾，饭也吃不下去了。

　　这事正好被店老板发现了，店老板就问其缘故，于是秀才就把事情的来龙去脉都说了。店老板一听乐了："你这个傻小子，被那个江湖术士骗了吧！你想呀，墙上种菜，意思不是高种（中）吗？戴着斗笠还打着伞，这不是说万无一失吗？"秀才一听，觉得确有一番道理，精神顿时为之一振，病也一下子好了。于是，第二天便充满自信地参加了考试，结果真的考中了。

　　人最大的敌人就是自己的坏情绪，它不仅会影响你健康，还会影响到你的整个人生。而要想时时刻刻给自己创造一个好的心情，首先需要先摆平自己，要学会拿得起、放得下。拿得起是一种勇气，放得下也是一种肚量，其实这要求的就是一种积极的心态。对任何事你都抱以积极的心态，那么你就可以拥有比别人更好的心情，更稳定的情绪；你可以拥有比别人更多的盼望，从而就能产生更大的努力动机；你还可以拥有比别人更多的人气。一个言语之中带着希望的人，绝对会比一个惯于唱衰的人更能得到别人的好感，也自然就能拥有较好的人缘。拥有积极的心态，不仅能给你带来健康，还能带来远比健康更重要的东西，让你的人生更精彩！

　　因此，青少年不要为那些已经失落的梦幻而烦恼了，生活本身就是鲜花艳阳加风霜雨雪，需要我们从容地去面对。忘掉烦恼，你的生活便会少一点忧愁，多了一些希望，多了一份轻松，多了一份淡泊。在闲暇之余放一曲轻音乐，再上网走一遭，与虚拟的朋友海阔天空的神聊一通，为自己营造一个自由的空间，创造一个良好的心境。或者翻一翻早已发黄却仍旧美好的记忆，重温那些虽已流失，却仍旧温馨的日子，这样便会无烦无恼。

何必苛求自己，何必自寻烦恼呢？只要我们经历过，努力过，争取过，就问心无愧了。让那些坏情绪都离我们远远的吧！

第二节　情感测试　自我掌控

1．你的心理成熟度如何

你想检测一下你的心理成熟度吗？来完成下面的题目吧！这是专家设计的，很有代表性的测验题，如实回答就行了。

（1）你的情绪经常波动吗？

（2）你与朋友的友情能持续多久？

（3）你购买廉价或处理商品，是否常超出自己的需要？

（4）你守信用吗？

（5）你是否很轻率地就和陌生异性朋友约会？

（6）你对自己购买的东西常能满意吗？

（7）你是否轻率地对人或事下定论？

（8）你在工作中是否常出差错？

（9）你有没有已不再喜欢的老朋友？

（10）你的生活习惯正常吗？

（11）你是否常凭初次印象判断人？

（12）你给别人写信的时候认真吗？

（13）你做错事后是否会感到不安？

（14）你平时遵守交通规则吗？

（15）你在阅读书刊或文件时，对注解常忽略过去吗？

以上考题答案的计分规则是：（1）、（3）、（5）、（7）、（9）、

（11）、（13）、（15）题，回答否定记 1 分；（2）、（4）、（6）、（8）、（10）、（12）、（14）题，回答肯定记 1 分。

结果分析：

如果你的得分为 11 分以上，说明"自我"是比较成熟的。

如果你的得分在 8～10 分之间，说明"自我"是部分成熟的。

如果你的得分在 5～8 分之间，说明"自我"是不够成熟的。

如果你的得分在 5 分以下，说明"自我"是相当幼稚的。

2．测测你的情绪化程度

你是一个庸人自扰型的人吗，一点点小事就担心的放不下；还是一个别人眼中的开心果类型，整天乐呵呵的过无忧无虑的日子。不论你的情绪起伏如何，都可以反映出你对生活的态度，通过测试来分析一下你的性情吧。

（1）你喜欢自己的长相？

是→→前往（2）

否→→前往（5）

（2）你每天都会看报纸或书籍？

是→→前往（6）

否→→前往（3）

（3）你每天会换一身衣服穿？ |

是→→前往（11）

否→→前往（7）

（4）身体一点点不舒服你也会很在意？

是→→前往（8）

否→→前往（9）

25

（5）你常迟到？

是→→前往（6）

否→→前往（4）

（6）重要的日子的前一天都会睡不着？

是→→前往（4）

否→→前往（9）

（7）被骂后都会吃不下饭？

是→→前往（10）

否→→前往（11）

（8）喝牛奶前会看有效日期？

是→→前往（12）

否→→前往（13）

（9）你会很在意衣裤皱褶？

是→→前往（8）

否→→前往（10）

（10）你有做笔记或记事的习惯？

是→→前往（14）

否→→前往（13）

（11）坐车时你会看旁人的杂志或报纸？

是→→前往（15）

否→→前往（10）

（12）你每月都会存钱？

是→→A 型

否→→B 型

（13）你认为未来会更不景气？

是→→前往（12）

否→→C 型

（14）你的手表有秒针？

是→→C 型

否→→D 型

（15）你有没有耐心听别人把话说完？

是→→D 型

否→→前往（14）

测试结果：

A 类型：庸人自扰型

你的人生真是黑白的，没有一点色彩，不论任何时，事情都一定将状况想成最坏。所以从头到尾都享受不到快乐。例如办一个活动，事前就担心这担心那深怕出错失败，即使顺利而成功的完成了，你却一点喜悦也没有，因为你是位完美主义者，因此自己仍然觉得有很多的不完美而闷闷不乐，真是拿你没办法！如果你能凡事都不正面思考的话，光会增加一些负的力量，到最后好事情也会变成不好喔！

B 类型：晴时多云偶阵雨型

基本说来你是个相当情绪化的人，心情好时说什么都可以，心情不好时则理都不理人，因此可说没什么准则的人。在公司中做事情也要看自己心情，譬如今心情好要求你帮忙你都会答应，如果心情不好连上司叫你做你都敢回绝，真叫旁人替你捏一把汗。所以大家都蛮怕你的，都要看你心情而行事，但这并非成熟人的行为，多控制一下自己的情绪吧！你称不上正面思考的人，也称不上负面思考的人，只能说，很情绪行事的人。

C 类型：乐观进取型

大致上来说你算蛮正面思考的人，遇到事情不会马上往坏的地方想，会冷静思考分析一些状况，且尽量说服自己轻松，愉快面对它。

例如老师一直加工作给你，你虽然也会不爽，但你会自我安慰的想，因为老师信任我，所以才放心交代我去做，绝不会想老师觉得我太闲所以给我加工作。如此正面思考的你不但能够比别人成长的快，也比别人过得快乐，相信你的人生也是多彩多姿。

D 类型：无忧无虑型

与其说你是个正面思考的人，还不如说是个少根筋的乐天主义者，因为你的天线很粗不容易去接受一些信息感觉，所以也不容易受影响。当然这样也有好也有坏，好的是这种人活得比较自己，不好的是由于不会察言观色，所以容易得罪别人。由于你很乐观，凡事都先做了再说，根本不会想到后果，所以常让同事在后面帮你擦屁股，当然偶尔也会误打误撞让你一炮而红，但毕竟这机会并不多。

3. 测试你的真性情

不要小看一个人的生活细节，这些反而是他性情最真实的写照，他对人礼貌与否，是否有时间观念，是否遵守信义，是否爱护小动物等等，都可以看出，他，是不是一个你值得深交的人选。当然，在选择朋友的同时，你先要把自己的性情分析清楚哦。

（1）如果你去听一个非常有声望的老师讲课，你会？

带个普通的笔记录→→前往（2）

带个很昂贵的名牌笔记录→→前往（5）

带个笔记本电脑记录→→前往（4）

带个 MP3 去录音→→前往（3）

（2）如果男/女朋友过生日那天你还要上课，你会？

去上课，然后和他解释→→前往（5）

逃课直接去为他庆祝生日→→前往（6）

去上课，没有任何解释→→前往（3）

谎称自己生病不能上课，去为他庆祝生日→→前往（4）

（3）如果你被老师无缘无故地批评了一顿，你会？

找老师理论→→前往（6）

对老师大发脾气，摔门而去→→前往（5）

以后再也不理那位老师→→前往（4）

和其他同学在老师背后讨论→→前往（7）

（4）在巫婆的魔法会上，你赢得了大奖，你会要什么愿望？

100 万美金→→前往（7）

贝克汉姆一样的名气→→前往（6）

一座永久的豪华别墅→→前往（5）

一个漂亮/帅气的女友/男友→→前往（8）

（5）与自己爱的人分手后，你经常……

几天后就会情绪好转→→前往（8）

情绪要低落好长时间→→前往（6）

完全不在乎→→前往（10）

经常哭泣，整天情绪低落→→（7）

（6）你自己一个人在家的时候，最经常做的事情是……

看书→→前往（8）

玩游戏→→前往（7）

看电视→→前往（10）

做家务→→前往（9）

（7）如果自己的朋友被别人欺负，你会……

假装不知道→→前往（8）

找那个人理论→→前往（10）

什么都不问先去揍那个人一顿→→E 型

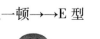

问朋友怎么回事→→前往（9）

（8）你在事业高峰的时候，最会做以下哪种决定？

转行作别的工作→→D 型

在原址继续自己的工作→→前往（9）

自己辞职去开自己的公司→→前往（10）

要求公司加薪→→B 型

（9）你有以下哪种习惯？

吃完饭后不收拾桌子→→前往（10）

经常说错话→→C 型

不知道自己该在什么时候做什么事情→→B 型

只要看到三叶草就要仔细搜索有没有 4 片叶子的→→A 型

（10）如果你参加了一个话剧的演出，你希望可以演出……

形象好的主角→→D 型

普通配角→→B 型

普通主角→→A 型

跑龙套→→C 型

测试结果：

A 型：你是一个不追求虚荣的人，你并不希望自己可以过上众星捧月般的生活，因为你相信，只要你自己有实力，无论到什么时候，只要需要自己发挥自己能力的时候，你就可以在第一时间完成任务。对于你来说，为了追逐名利而忙碌是一种非常不适合你的生活，你宁愿一个人平平淡淡地那份平静和隐居尘世的感觉。对于爱情，你有着"宁为玉碎，不为瓦全"一样的信仰，无法容忍爱情中的背叛。

B 型：你是一个天生讨人喜欢的人，所以无论是在朋友圈中还是在社会、工作交际中，你都是一个很容易就被大众接受的人。你像茂木夏树一样拥有自己的感情信仰，你相信，如果你真的爱一个人，你就会用自己的全部去爱他，从内心中发出真感情地去爱他。而另一方面，你又是一个十分实际的人，你相信人不可以生活在脱离物质生活的空间里。如果有一天让你选择真爱与金钱的话，你选择金钱的机会还是相对来说很大的。

C 型：你是一个思想比同龄人要成熟的人，也是一个对爱情非常忠诚的人，所以在生活中你会为了爱情放弃很多自己从前不愿意放弃甚至是至爱的东西。你同样拥有藤原文太一样的脆弱与波动较大的情绪。很多时候即使你根本没觉得自己想要发脾气，可是所有的情绪都已经被你表现出来了。就因为这样，你的很多朋友经常在背后抱怨你的脾气不好。同时，感情的失败并不是一切，如果你在生活中遇到感情问题，希望你不要一蹶不振。

D 型：你是一个非常有才气的人，同时你也有着自己对不同事物的丰富的爱好。你相信只要做一件事情，就应该把这件事情做到尽量完美的地步，这也是你相信自己的一种表现。在生活中，你显得十分的冷静与理智，处理事情的时候也会把情绪和思维都稳定下来，然后再决定自己该如何解决眼前的事情。你是一个心地善良的人，愿意在陌生人遇到困难的时候伸手相助，是一个不折不扣的好心人。

E 型：你有着非常冲动和火暴的性格，你在生活中经常不假思索就行动，甚至做出一些让人无法猜测也无法想象的事情，但是你很热爱自己的生活，你认为这是对生活的挑战，是冲击生命高峰的重点。喜欢我行我素的生活，因为从小你就已经养成了这种自己想什么就要做什么的性格。你不愿意留下会让自己后悔的遗憾，无论前面面对的是失败还是成功，你都要凭着至少试一下的心情走下去。

31

4. 测测你的个性

每个人的价值观都有所不同，以下测试就是要让你的本性暴露在光天化日之下哦！看看你的为人处世究竟怎样？究竟正不正确哦！

（1）寒假里好多同学都有打工计划，你会如何呢？

a 不跟他们一样，先痛快地玩个够再说→→前往（3）

b 有钱赚当然好，立刻开始找工作→→前往（2）

（2）今天有朋友过生日，另外几个朋友提议大家凑钱去唱卡拉OK，可是你没钱，你会怎么做呢？

a 老老实实跟朋友们交代自己没钱→→前往（4）

b 为了不失面子，先跟其他人借→→前往（5）

（3）死党有难，急需一笔钱周转，你会怎样做呢？

a 一定会想办法筹到一些钱→→前往（5）

b 自己都没钱花，相信好朋友一定会谅解你的→→前往（4）

（4）如果你失恋了，你会如何安慰自己呢？

a 把自己打扮的更加漂亮，让对方后悔→→前往（7）

b 找好朋友倾诉，做自己喜欢做的事→→前往（6）

（5）你喜欢上一个男生，但好朋友告诉你，她也喜欢上了这个人，你会怎么办？

a 很气愤，明明自己喜欢他在先，好朋友还要跟自己抢，决定跟朋友断交→→前往（7）

b 既然自己跟好朋友都喜欢他，那就公平竞争好拉！→→前往（6）

（6）星期天要搬家，你会不会叫朋友来帮帮忙呢？

a 不会，觉得不好意思叫人家出力，宁愿多花点钱请多一点搬家

工→→前往（9）

b 一定会叫朋友来帮忙的，此时用得上的朋友才是真朋友嘛！→→前往（8）

（7）班上有两位同学在吵架，你会不会出面劝解呢？

a 赶快闪人，不想自己牵扯进去而得罪任何一方→→前往（8）

b 会出面劝解，认为大家在一起就应该以和为贵→→前往（9）

（8）星期天逛完街，拎着好多东西，真累死了，你好不容易拦了一辆空的士，却被一对情侣捷足先登，你会怎样做呢？

a 跟对方争辩，说是自己先叫的→→前往（11）

b 算了，再等下一辆吧！→→前往（10）

（9）今天晚上好像没什么事情可做，你会如何打发时间呢？

a 跟好朋友煲电话粥→→前往（10）

b 一个人下楼散散步→→前往（11）

（10）拿到期中考试的成绩单，一看全是不及格，你会如何跟家长交代呢？

a 直接跟家长坦白，表示下次会努力→→A 型

b 想办法篡改成绩单之后再交给家长过目→→B 型

（11）如果你发现身边有一位好朋友有很严重的偷窃行为，你会怎么做呢？

a 假装不知道→→C 型

b 劝其改过自身→→D 型

测试结果：

A 型：义气之人

热情奔放的你做事最讲义气，凡事均能站在别人的立场替他人着想，只要身边的朋友有事，必然赴汤蹈火，在所不辞，当然，你的人缘也是超级好的哟！平时，你替人家考虑多不为自己打算，你宁愿放

弃利益甚至名声也在所不惜，再加上你的耳根子软，听不得好话，看不得别人的可怜样，所以常常搞到最后受伤害最严重的人总归是你哦！你想过没有，你全心全意地对别人，人家未必就真心实意对你？小心有人会利用你的善良和意气用事的特点达到不可告人的目的，正所谓"防人之心不可无"，还是多留个心眼吧！

B型：自私之人

表面上对任何人都一视同仁的你，脸上时常都戴着一副伪善的假面具，不管你做什么事，都以自己得到的利益多少为前提，只要对自己有利，就算是牺牲别人你也不会皱一下眉头哦！你身边的人跟你相处久了都知道你蛮自私的，当然，人以群分，物以类聚，跟你打交道的都是一些心机颇深的家伙，虽然残酷的现实社会也需要类似于你这样的自我保护之道，但并不代表你就可以滥用伤害他人、牺牲他人来成全自我的手段和计谋，奉劝你一句"不同的环境请务必遵循游戏规则"，如此才能走得更稳，才不会聪明反被聪明误

C型：莽撞之人

你一向是个开朗活泼的人，乐于帮助他人，替别人出主意，明明自己实力不够却爱强出头，心地善良的你在很多时候都怀着一颗善心想帮助一下朋友，但事实上却常常弄巧成拙，反而给人家添麻烦，搞得自己里外都不是人，可你就是不知悔改，直到下一次撞鼻子灰还是如此。要知道，这样惨兮兮的状况都是你事前未仔细做计划，冲动莽撞所造成的。你听过"三思而后行"这句话吧，建议你冷静一些，因为人一着急必然是要出差错的，凡事先想想后果会如何，假如行动失败有没有办法补救，甚至替自己想好后路也不为过哟！

D型：冷静之人

精明、冷静也许是你最大的优点，但你身边的人可能还是认为你有点冷酷无情哟！无论是对新朋友还是老朋友，你都不会表现得格外

热情，你对谁都是一副处事不惊的模样，谁也看不出你心理究竟在想什么哟！事实上，你做任何一件事情必然在事前就精打细算了一番，你对自己有把握的事情一定据理力争，就算是自己错了，也不会当着别人的面承认。最令你痛苦的就是要你在爱情和亲情中二选一，当爱情与亲情发生摩擦的时候，毕竟世事难尽人意，唯有靠自己的判断力帮你咯！

5. 个性成熟程度测试

下面是25道题，每题后面3种答案：是：（2分）；有时：（1分）；否：（0分），请将最适合自己的答案数字填在每道题后。

（1）办事有主见，有原则，不以别人的喜恶作为自己行事的标准。

（2）承认人性中有光明的一面和黑暗的一面，并有容忍和谅解的胸襟。

（3）能够接受对方一切优点和缺点，懂得怎样与对方相处。

（4）充分明白"人必先自爱而后人爱之；人必先自助而后人助之"的道理。

（5）充分明白良好的动机未必会带来良好的效果；了解到手段与目的之不可分割。

（6）懂得"以事论事"而不"以人论事"。

（7）不会坠入"非此即彼"、"非黑则白"的两极思考陷阱，明白世事往往在两极端之间有一系列的中性状态。

（8）明白"人比人，气死人"的道理，不拿自己跟别人滥加比较。

（9）明白世事万物——包括自己的思想和信念，都在变动前进，并且有"以今日之我战胜昨日之我"的勇气。

（10）当生活中遇到重大挫折（如失恋）时，便会在其他方面获得成功，加以补偿。

（11）通常情况下，与自己意见不同的人都是有正当理由而坚持自己看法的人。

（12）如果在比赛中自己或自己一方输了，通常的做法是研究输的原因，提高技术，争取以后赢。

（13）受到别人批评时，通常的反应是分析原因，弄清错的地方，而不是当面反驳或怀恨在心。

（14）在工作或学习中遇到困难时，通常是向比自己懂得多的人请教。

（15）当自己的亲人或朋友错误地责怪自己时，通常的反应是不发怒，耐心解释和说明，或一笑了之。

（16）在与别人的交往中，我通常是喜欢别人注意我，但并不主动去追求这一点。

（17）我喜欢与之经常交往的人通常是和我合得来的人，不管他们与我的性别是否相同。

（18）当我必须在大庭广众中讲话时，我总是把这看成是一次考验，毫不畏惧地讲。

（19）在参加小组讨论会时，我通常是对自己所了解的问题才发表看法。

（20）我对社会的看法是不管生活环境如何，我都要努力奋斗，无愧于自己的一生。

（21）当我的生活道路上遇到考验（如承担工作风险）时，我总是很兴奋，因为这能体现我的力量。

（22）外表对我来说比较重要，常花许多时间做修饰。

（23）我认为对待社会环境的正确态度，是改造生活环境中的不良因素，使生活环境变好。

（24）我对死亡的态度是把死看作是必然要发生的事情，平时很少想到。

（25）我认为要使自己生活得愉快有意义，就必须生活在有知识的人们中间或志同道合的朋友们中间。

解析：

将每题的答案数字加起来，得分越高说明越成熟。

如果你的得分在15—25分之间，说明你的个性具有两重性：一半老练，另一半是幼稚的，还需要在社会生活实践中成熟起来。

如果你的得分在15分以下，说明你还较幼稚，喜欢单凭个人粗浅的直觉印象和一时的感情行事。遇事好冲动、莽撞、不识大体，或者遇事退缩不前，害怕出头露面，孤独而自卑。你容易得罪人，也容易被人欺骗，在社会生活中到处碰壁，无法实现自己的理想和目标。这种状况与现代社会生活对青年的要求是很不适应的。

要使自己尽快成熟起来，反复默读测试题，你将会受到一定的启示。

6. 走向成熟的测试

（1）在比赛中你喜欢的对手是：

①技术高超的，这样你有更多的机会提高自己的技术；

②比你的技术略高一筹的，这样玩起来更有趣些；（+6）

③比你的技术差劲的，这样你可以赢他，以显示至少你在这一方面比他强；

④跟你的技术不分上下，你们双方都努力的话，均有机会赢取

对方；

　　⑤一个具有体育道德的人，不管其技术如何。（+8）

　　（2）你喜欢生活的环境是：

　　①比现在的环境更简单一些的环境；（0）

　　②就像现在这样的环境；（-5）

　　③按部就班逐渐向好的方面发展的环境；（+6）

　　④变化中的环境，这样你可以利用变化的机会发展自己，同时造

福别人；

　　⑤不断变化的环境；（+2）

　　⑥比现在更好的环境。（-3）

　　（3）你和同事进行争论的倾向是：

　　①你总是喜欢随时进行有益的争论；（-2）

　　②如果你有兴趣，你通常喜欢争论；（+8）

　　③你很少与人争论，你喜欢自己与众不同的观点；

　　④你不喜欢争论，并尽量避开争论；（0）

　　⑤不讨厌争论；（-4）

　　⑥你喜欢漫无边际的讨论：（0）

　　⑦你喜欢考人家的知识。（0）

　　（4）非家庭人员批评你时，你的反应通常是：

　　①分析批评者为什么批评你；（+8）

　　②问批评者为什么批评你；（+6）

　　③保持沉默，过后丢置脑后；（-3）

　　④遇到机会，也对他进行批评；（-2）

　　⑤如果你认为自己是对的，就为自己辩护；（+4）

　　⑥保持沉默，并对他记恨在心。（-4）

　　（5）你认为，人们生活要过得既愉快又有意义在于：

①你如何适应环境并利用好的环境发展自己；（-1）

②你如何适应环境并利用坏的环境的有利因素发展自己；（-2）

③即使环境不好，仍尽量加以利用，变不利为有利。

（6）你希望给人一个好印象的倾向是：

①预先想好，并刻意追求；（-1）

②很少预先想好，但如有机会，则设法给人一个好印象；（+8）

③很少考虑给人以一个好的印象；（-2）

④不喜欢别人这样做，自己也从来不这样做。（-2）

（7）学习中遇到棘手的问题时：

①向比你懂得多的人去请教；（+6）

②通常向你的好朋友请教；（-3）

③很少请人帮助你；（0）

④如果你认为你的朋友知道如何处理，你就去问他；

⑤你尽自己最大的努力去解决，实在不行，再去请求别人帮助。

（+2）

（8）你认为生活要有意义就必须生活在：

①比现在关系更融洽的亲戚朋友中间：（-4）

②有知识的人中间；（+8）

③比现在更多的亲戚朋友中间；（-2）

④现在的亲戚朋友中间；（0）

⑤不管什么人中间；（-4）

⑥志同道合的人中间。（+4）

（9）你遇到感情问题时：

①你很喜欢，因为你可以克服它们，得到刺激；（0）

②你是特别感兴趣，因为你已经习惯了；（+4）

③你感到这是你生活道路上出现的暂时障碍；（+6）

④你没有感情问题；（0）

⑤虽然使你不快，但你努力克制；（－1）

解析：

上面问卷的计分方法是，将所得的正分总数减去负分总数。

你的正分越高，也就越成熟，不妨试一试。

7. 你的意志坚强吗

你知道自己的意志品质的强弱程度吗？假如你想知道，可以用下列的简易表作一次"自我诊断"。

下面20道题，请你逐题认真读一读，然后在题后的五种答案中选择一种（只能选择一种），在下面画上"＿＿"。

（1）我很喜欢长跑、远距离旅行、爬山等体育运动，但并不是因为我的身体条件适合这些项目，而是因为它们使我更有毅力。

（很同意 比较同意 可否之间 不大同意 不同意）

（2）我给自己订的计划常常因为主观原因不能如期完成。

（这种情况很多 较多 不多不少 较少 没有）

（3）如没有特殊原因，我能每天按时起床，不睡懒觉。

（很同意 较同意 可否之间 不大同意 不同意）

（4）订的计划应有一定的灵活性，如果完成计划有困难，随时可以改变或撤销它。

（很同意 较同意 无所谓 不大同意 反对）

（5）在学习和娱乐发生冲突的时候，哪怕这种娱乐很有吸引力，我也会马上决定去学习。

（经常如此 较经常 时有时无 较少 并非如此）

（6）学习或工作中遇到困难的时候，最好的办法是立即向师长、朋友、同学求援。

（同意 较同意 无所谓 不大同意 反对）

（7）在练长跑中遇到生理反应、觉得跑不动时，我常常咬紧牙关，坚持到底。

（经常如此 较常如此 时有时无 较少 并非如此）

（8）我常因读一本引人入胜的小说而不能按时睡眠。

（经常有 较多 时有时无 较少 没有）

（9）我在做一件应该做的事之前，常能想到做与不做的好坏结果，而有目的地去做。

（经常如此 较常如此 时有时无 较少 并非如此）

（10）如果对一件事不感兴趣，那么不管它是什么事，我的积极性都不高。

（经常如此 较常如此 时有时无 较少 并非如此）

（11）当我同时面临一件该做的事和一件不该做却吸引着我的事时，我常常经过激烈斗争，使前者占上风。

（是 有时是 是与非之间 很少这样 不是）

（12）有时我躺在床上，下决心第二天要干一件重要事情（例如突击学一下外语），但到第二天，这种劲头又消失了。

（常有 较常有 时有时无 较少 没有）

（13）我能长时间做一件重要但枯燥的事情。

（是 有时是 是与非之间 很少这样 不是）

（14）生活中遇到复杂情况时，我常常优柔寡断，举棋不定。

（常有 有时有 时有时无 很少有 没有）

（15）做一件事之前，我首先想到的是它的重要性，其次才想它是否使我感兴趣。

（是 有时是 是与非之间 很少是 不是）

（16）我遇到困难时，常常希望别人帮我拿主意。

（是 有时是 是与非之间 很少是 不是）

（17）我决定做一件事时，常常说干就干，决不拖延或让它落空。

（是 有时是 是与非之间 很少是 不是）

（18）在和别人争吵时，虽然明知不对，我却忍不住说一些过火的话，甚至骂他几句。

（时常有 有时有 时有时无 很少有 没有）

（19）我希望做一个坚强有毅力的人，因为我深信"有志者事竟成"。

（是 有时是 是与非之间 很少是 不是）

（20）我相信机遇，好多事实证明，机遇的作用有时大大超过人的努力。

（是 有时是 是与非之间 很少是 不是）

解析：

凡单序号题，每题后面的 5 种回答，从第一到第五种依次记 5、4、3、2、1 分。凡双序号题，题后 5 种回答依次记 1、2、3、4、5 分。

20 题得分之和与意志品质的关系如下：

81—100 分 意志很坚强

61—80 分 意志较坚强

41—60 分 意志品质一般

21—40 分 意志较薄弱

1—20 分 意志很薄弱

8. 你具有冒险性格吗

（1）你愿意跳伞吗？

A、只有在紧急的情况下。

B、如果是为了慈善事业而举办的义演。

C、只是为了娱乐。

（2）度假时愿意去什么地方？

A、去以前去过的地方。

B、去一个旅游胜地或大家常去的地方。

C、专门挑选一个少有人去的地方。

（3）有人向你挑战，让你睡在一个据说有鬼的屋子里，你会——

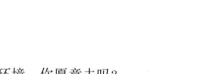

A、拒绝。

B、只要有其他人和你在一起就答应。

C、想都不想就一口接受。

（4）要是有人在国外给你提供一个生活环境，你愿意去吗？

A、不。

B、只要是短时间的就愿意去。

C、去。

（5）进餐馆以后。

A、点以前吃过的菜。

B、小有变化。

C、点以前没吃过的。

（6）你愿意和陌生朋友盲目交谈吗？

A、不。

B、也许。

C、会。

(7) 你身体长了一个肉瘤，你会——

A、把它彻底查清楚。

B、为它是否是什么病变而琢磨，忧虑。

C、不理会它。

(8) 你会没有考察就决定买一件东西吗?

A、不。

B、如果没有别的选择。

C、如果合算。

(9) 同两年前相比:

A、你越来越少了冒险精神。

B、同样喜欢冒险。

C、抓住了更多的机会。

(10) 在原则问题上你宁愿挨批评吗?

A、不。

B、也许。

C、愿意。

计分:

A、1分 B、2分 C、3分

解析:

10—17分: 不愿意冒许多风险，愿意完全胸有成竹、有的放矢、谨慎行事，只有一切都稳妥才踏实自在。

18—24分: 每做一件事都考虑可能要出现的一切问题，经过认真仔细的考虑再做出决定，即使这样也乐意偶尔冒一个适当的风险，因为你明白即使失败了，损失也不大。

25—30分：你是真正的冒险者，你认为任何事情都值得必要的冒险，你的成就和起色很可能是大跨度、大跳跃式的，但也有可能因为所冒的风险而惨遭失败。

9. 你具有自制力吗

以下是检测自制力的方法，共有12题，请你耐心地把题做完，并按评分标准算出总分，即可知道你的自制力程度。

（1）当一个你以前认识的人对你十分怠慢后，你最可能的反应是：

A、内心的愤懑很久不能平静；

B、立即大发雷霆；

C、耸耸肩，毫不在乎；

D、恨在心里，伺机报复。

（2）你原以为过半小时就可以获得一件重要的东西，但事实上你已经等了近两小时还未得到，你的反应是：

A、烦恼、发怒但很快忘却；

B、只不过发些牢骚；

C、大发雷霆，闹得满城风雨；

D、长时间耐心地等待或是无可奈何地放弃。

（3）当你遇到一位非常有吸引力的异性时，你幻想双方都能一见钟情，你最可能的反应是：

A、非常谨慎，不想卷入感情的风波中；

B、态度不明朗，保持中立；

C、感情奔放，过分热情；

D、满怀希望地做出冒险行动。

（4）我们每个人都会遇到一些最不能容忍的事，在你能迅速回忆起来的这类事情中，哪些最能激怒你？

A、别人的愚笨；

B、别人的拖拉作风、疑心重重和优柔寡断；

C、别人的不可靠行为和不愿助人的态度；

D、别人的某些其他行为。

（5）你必须减轻体重，减少抽烟或减少喝酒，因为你认识到这样做对人对己都有好处；你决定这样做了，结果：

A、一开始就彻底失败；

B、虽有良好的开始，但虎头蛇尾；

C、起初效果不理想，但经过长期努力，还是取得了一定成效；

D、按预定的方法去做，结果很快成功了。

（6）你一个人在家里做了些无关紧要的事，但你会：

A、大声咒骂几句，然后自我感觉良好；

B、为此事唠叨个没完，总是记在心上；

C、流露出烦恼情绪，然后做其他事，把此事忘掉；

D、大骂自己一顿，但最终还是没法平静下来。

（7）不管是什么原因，你与别人发生了一些小冲突，对方用武力触犯了你，你的反应是：

A、只不过用语言表示抗议；

B、以牙还牙；

C、尽可能不予理睬；

D、强有力地还击。

（8）你最不喜欢别人说你：

A、不诚实，不正直；

B、冷酷无情；

C、精神失常；

D、缺乏自信心，无主见，容易被别人所左右。

(9) 你已经很长时间希望自己能得到一些东西，并做了极大努力，但最终却一事无成，你认为应该：

A、干脆放弃这种愿望；

B、重新振作，继续努力争取；

C、当然感到失望，但情绪基本稳定；

D、因此比以前更玩世不恭。

(10) 当你观察你所了解的其他人时，你认为他们当中绝大部分的缺点是：

A、缺乏持久性的耐心；

B、缺乏保持愿望的能力，不能把握成功的机会；

C、头脑简单，缺乏知识；

D、没有运气。

(11) 当你出乎意料地成为别人的取笑对象时，你会：

A、内心发怒，但脸上仍露出笑容；

B、努力辩解和解释；

C、流露出烦恼情绪；

D、毫不计较，一笑了之。

(12) 你认为以下哪一点最能损害一个人的形象？

A、放纵自己；

B、对别人的感情和需要漠不关心；

C、对人冷淡；

D、自以为是。

请你在符合自己情况的项目前做标记，然后按下表的评分标准算出你的得分。

（1）A. 6；B. 3；C. 10；D. 2；

（2）A. 5；B. 7；C. 1；D. 10；

（3）A. 9；B. 10；C. 4；D. 0；

（4）A. 9；B. 7；C. 5；D. 0；

（5）A. 1；B. 6；C. 9；D. 10；

（6）A. 8；B. 4；C. 10；D. 5；

（7）A. 8；B. 3；C. 1；D. 10；

（8）A. 5；B. 4；C. 8；D. 10；

（9）A. 2；B. 10；C. 10；D. 9；

（10）A. 7；B. 10；C. 5；D. 0；

（11）A. 8；B. 5；C. 2；D. 10；

（12）A. 10；B. 4；C. 8；D. 6；

解析：

如果你的总分在100分以上，说明你具有坚强的意志。这种品质是非常有益的。但是，自制力很强的人应该掌握分寸，不要让别人觉得讨厌。

总分在80—90分之间，说明你的自制力强于一般人，但这绝对不是感情冷漠，这是一种最好的品质类型。

总分50—79分以下，很遗憾，你几乎没有自制力，你必须努力提高自己的自制能力。

10. 你的性格情绪稳定吗

你的情绪稳定性如何？以下一些测试题将帮助你在做一番自我探索之后更了解自己。

请在 A、B、C 中根据自己的实际情况作出选择：

(1) 一年四季的气候变化一般不会影响你的情绪。

A、是的；

B、不一定；

C、不是的。

(2) 生动的梦境，常常会影响你的情绪和睡眠。

A、经常如此；

B、偶尔如此；

C、极少如此；

(3) 你有广泛的兴趣爱好，其中有些兴趣爱好很深入。

A、是的；

B、不全是；

C、不是。

(4) 你不论到什么地方，都能有清楚的方位感。

A、是的；

B、不一定；

C、不是。

(5) 当你聚精会神地阅读小说时，如果有人在一旁高谈阔论。

A、你仍能专心致志，不受影响；

B、你会受到影响，无法专心致志；

C、你不能专心，并为受打扰而气愤恼怒。

（6）在大街上等公众场合，你常常避开你所不愿意打招呼的人。

A、极少如此；

B、偶尔如此；

C、有时如此；

（7）你虽待人以善，却常常得不到好的回报。

A、是的；

B、不一定；

C、不是。

（8）不知为什么，有些人总是回避你或冷淡你。

A、常常是这样；

B、有时是这样；

C、极少是这样。

（9）你在小学时钦佩的老师，到现在仍然令你钦佩。

A、绝大多数是；

B、有些是；

C、极少是。

（10）回顾过去，展望将来，你一直觉得自己能达到自己预期的目标。

A、是的；

B、不一定；

C、不是。

（11）如果你能到一个新的环境，你会：

A、把生活安排得和从前不一样；

B、视情况而定是否改变生活方式；

C、和以前相仿。

（12）猛兽即使是关在铁笼里，你见了也会惴惴不安的。

A、是的；

B、不一定；

C、不是。

计分方法

（1）A. 2；B. 1；C. 0；（2）A. 0；B. 1；C. 2；

（3）A. 2；B. 1；C. 0；（4）A. 2；B. 1；C. 0；

（5）A. 2；B. 1；C. 0；（6）A. 2；B. 1；C. 0；

（7）A. 0；B. 1；C. 2；（8）A. 0；B. 1；C. 2；

（9）A. 2；B. 1；C. 0；（10）A. 2；B. 1；C. 0；

（11）A. 0；B. 1；C. 2；（12）A. 0；B. 1；C. 2；

解析：

将各题得分相加，算出总得分。

总分17—26分：你情绪稳定，性格成熟，能面对现实，以沉着冷静的态度和勇敢务实的作风处理和应付生活中的各种问题。当然，有时过分地自我宽解会使你感到压力，你应多多利用亲朋好友或心理咨询等各种社会心理支持系统帮助自己共同面对压力。

总分13—16分：你的情绪时有变化，但一般不容易大起大落。在应付生活中的常规性问题时，你还是能从容面对，甚至游刃有余。不过，对于生活中的重大问题或突发事件，你往往还是比较容易急躁焦虑。

总分1—12分：你的情绪太容易起伏波动了。这样烦恼就会经常发生，也使你不能很好地处理生活中的问题，容易受环境的不利因素支配。小小的阻碍和挫折就会令你身心受损，情绪变坏。你应该马上请心理专家帮助，学习调控情绪的方法，这样对你的生理和心理都会有好处的。

11. 你是多愁善感的人吗

你是个多愁善感的人吗？快快回答下面的问题，可不要考虑太久哦！

从来不 有时 常常 老是

出自本身地担忧 1 2 3 4

感到很愉快 4 3 2 1

通常很易疲劳 1 2 3 4

总易哭 1 2 3 4

总希望跟别人一样 1 2 3 4

老是拿不定主意因而经常失败

1 2 3 4

通常精神饱满 4 3 2 1

遇事沉着、冷静、全力以赴

4 3 2 1

常常为未来的困难担忧 1 2 3 4

常为一些琐事碎事操心 1 2 3 4

感到十分幸福 4 3 2 1

总是把所有的事情放在心上

1 2 3 4

缺乏自信心 1 2 3 4

通常安然无恙 4 3 2 1

总是尽力回避困难 1 2 3 4

经常感到忧郁 1 2 3 4

52

心满意足 *4 3 2 1*

对一切小事感兴趣 *1 2 3 4*

感到十分失望，事后又久久不能忘却

1 2 3 4

是一个稳健的人 *4 3 2 1*

常为自己的事操心 *1 2 3 4*

请注意，至少得回答 *18* 个问题，否则，统计数据没有意义。

统计一下你所得的数字。如果总数小于 *30*，说明你遇事还算想得开；如果总数为 *31—45*，说明你的担忧程度适中；如果总数在 *46* 以上，说明你遇事多愁善感。

12. **你是双重性格吗**

(1) 如果在公共电话亭挂了线后，退钱时再跌出一个一元的硬币，你会：

A、用这个硬币再打其他电话。

B、不会拿走那个硬币。

C、取走那个硬币。

(2) 跟好友吵架的第二天，你通常会：

A、虽然已经没事了，但还是装着十分生气的样子，直到对方道歉为止。

B、很快忘得一干二净。

C、通常忍不住，先跟对方说话。

(3) 工作遇到挫折，老板训斥你，你会：

A、一直耿耿于怀。

B、当时会不开心，但过后很快便没事了。

53

C、满不在乎。

（4）白天发生了一件十分开心的事，令你兴奋不已，当天晚上，你通常会：

A、兴奋得睡不着。

B、与平常一样，没什么区别。

C、必须找一个人分享，心满意足了，才可以平静下来。

（5）假如你半夜三更被打错的电话吵醒，你会怎样？

A、很客气地对对方说："你打错电话了。"

B、对他说："这里是神经病院！"

C、一言不发，便挂上电话。

（6）某大型百货公司通知你中了奖，你觉得最差的礼物会是：

A、面纸。

B、毛公仔。

C、购物奖券。

（7）手提电话没有电，你又赶着回复电话，走到公共电话亭，刚好里面有人在打电话，你在电话亭外等了五分钟，对方仍未说完，这时你会怎样？

A、决定放弃，往别处找另一个电话。

B、直接告诉电话亭里面的人，你急着用电话。

C、静静地继续等下去。

（8）在会议中，老板提出一个完全不能接受的建议，其实好多人反对，但一直没有人提出来，老板越说越兴奋，好像快要落实一样，这时你会：

A、希望有人说出你的心里话。

B、如果有人先说出来，你会接着发表意见。

C、一直保持缄默。

（9）以下三块蛋糕中，你最喜欢那一件？（如图《趣味测试》 *P111*）

计分方法：

（1）A. *3*；B. *1*；C. *5*；（2）A. *1*；B. *3*；C. *5*；

（3）A. *5*；B. *3*；C. *1*；（4）A. *5*；B. *1*；C. *3*；

（5）A. *1*；B. *5*；C. *3*；（6）A. *1*；B. *3*；C. *5*；

（7）A. *3*；B. *5*；C. *1*；（8）A. *1*；B. *5*；C. *3*；

（9）A. *3*；B. *5*；C. *1*；

解析：

15 分以下：你很在意别人对你的看法，时刻希望将自己最好的一面表现出来，在很多方面，你有意识地为别人而放弃自己真实的一面，因此出现双重性格的机会很高，其实顾及别人的感受是一个人成熟的一种表现，但若你明知自己不是这样而迫使自己这样做，那是对人对己都不真诚的表现。如果你不认为有问题，那也无所谓，但只怕有一天，你突然发觉最讨厌自己的人原来是自己的时候，而刚巧又碰上挫折时，后果就可想而知了。

16—25 分：你绝对不是有意识地表现出表面的自己跟真实的自己不同，你只不过是连真正的自己究竟想怎样也不知道，才会出现双重性格的情况。也许因为你的性格对人际关系或感情问题常处于迷惘状态，在作出反应时，才发现真正的自己不是这样的，那时才去追悔为时已晚。其实你只要先去了解自己，那么出现双重性格的机会自然会减少。

26—35 分：你的双重性格只是帮助你在现实生活中打滚，尤其是在你的工作环境中，是不容你将自己真正的看法表达出来的，所以双重性格对你来说，绝对称不上一种负担，反而可以说给你带来了不少

方便。不过，尽管双重性格会给你带来不少方便，但千万不要以为这是理所当然，也不要为了少惹麻烦，而将自己越陷越深。

36分以上：你讨厌别人有双重性格，不管对方是有心还是无意，你都认为应该把人最真实的一面呈现出来，所以表现在日常生活里的你，是个刚直的人，尽管你知道真实的自己有多么丑陋，你都有勇气去面对，而且有能力改变过来，所以除非客观环境不容你有这样的性格，否则以你这种个性，做什么都可以成功。可以这样说，你简直是人中极品，世间少有。

第一节　亲情无限　感受深爱

1. 克服逆反心理

逆反心理是指人们为了维护自己的尊严，把对方的要求采取相反的态度和言行来处理的一种心理状态。逆反心理是受教育者在接受教育过程中，因自身固有的思维模式和特定的教育情景所产生的认知信息是相对立的，与正常的教育要求相反的对立情绪和行为意向。

这种现象青少年表现得最为明显，青少年时期是从不成熟走向成熟过程中出现的心理失衡期，它是个危险期。

逆反心理的形成是青少年一系列的心理活动所产生的结果，在其成长的过程中不同阶段都可能会发生，而且，表现形式是多种多样的。如对学校的活动宣传表示不认同、不信任的反向思考；对先进人物的成绩和榜样表示无端的怀疑，甚至否定；对一些同学的不良行为持认同情感，并齐心协力、大喝其彩；对思想教育及道德规范产生消极和蔑视的对抗等等。还时常"不受正规教育"、"不听父母的话"，常与父母或老师顶嘴、对着干。这都是背道而驰，以不正常的心理状态来显示自己的优势，这都是逆反心理的表现。

某校某班在选举班长中闹出了一个大笑话：一个曾因小时候患脑膜炎而留下后遗症的弱智学生，在班级选举中竟得票数最多，搞得班主任哭笑不得。

青少年有逆反心理的实质是在特定的教育环境中所教育的内容及相关的信息，不能引起青少年的兴趣，进而他们把所接触并理解教育的内容，通过自己的观点转化成自己的价值观念，并与其观念加以比较，经过自己的比较和分析后，作出接受或抵抗的态度反应。如果青少年经过比较分析之后，确定与原有的认知相悖就会产生抵抗情绪，进而产生逆反心理。可见，逆反心理的实质不仅是特殊的反对态度，也是青少年在步入社会的过程中所形成的逆向心理倾向。

青少年人群有史以来都是受心理学家、教育学家及父母特殊关注的对象。从 12～18 岁是青少年的生理特征基本完善的过程，认识和情感上也有快速的变化和发展，理想、信念、世界观逐渐形成的重要时期。此时，他们的生理成熟与心理成熟都处于不平衡的阶段，因此，青少年的心理会出现错综复杂的现象。其逆反心理的主要表现如下：

1. 对一些英雄事迹表示无端的否定。青少年在受教育过程中，大多数老师和父母都希望通过一些感人的英雄事迹来感染青少年的道德品质，希望能唤起他们的同情心和热情，以便起到积极向上的作用。可结果往往恰恰相反，青少年会对那些英勇事迹产生无端的怀疑，还以"拍马屁"的行为表示排斥和嘲笑其行为方式等。

2. 对思想教育和遵规守纪产生的消极概念。具有逆反心理的青少年对于思想道德教育表示冷淡和排斥，他们认为在现实中那只是一种形式教育，并不符合他们的实际生活。因此，会对思想教育课程产生应付、抵制和消极的对抗心理。

3. 对于正面的宣传工作产生反面思想。具有逆反心理的青少年对学校、领导、教师的正面宣传，表示不认同、不信任的态度。他们常常用一些不公正的事实来以偏概全地否定正面宣传。用一些片面的思想来夸大社会主义制度的某些不完善的制度，有时还故意进行反面宣传，这都是逆反心理的表现。

4. 对一些不良行为产生同情。青少年把打架斗殴看成是有胆识；与老师和领导公开作对是有本事；对于拉帮结派表示认可。而对于那些助人为乐、爱护集体和公物、遵守校规校纪的青少年具有讽刺、挖苦的行为，使整个集体产生好人好事没人夸，坏事大力支持的局面。

某班同学在上课时看小说被老师发现，老师将其小说收缴，该学生便一不做二不休，在课堂上睡觉，老师也拿他没办法。

逆反心理并非一种异常现象，它与青少年时期特殊的生理和心理发展紧密相连。青少年产生逆反心理的原因主要概括为以下几方面：

1. 青少年时期是大脑的发育逐渐趋于成熟的时期，他们的脑机能越发达其思维判断和分析能力就越强，思维活动范围就会越来越广泛。特别是思维方式、思维视角都已经超出了童年时期简单和单一化的正向思维，进而使他们逆向思维、多向思维或发散思维等都从得过且过到了全面发展。尤其是正在接受文化教育过程中的青少年，他们在掌握基本知识的同时也产生了逆向思维的模式。因此，逆向思维的形成和发展，使青少年产生逆反心理。

2. 不切实际的愿望。随着现代社会的全方面发展，大多数父母都"望子成龙，望女成凤。"但部分家长从来不考虑青少年的兴趣和爱好，根据自己的意愿强迫青少年学些不感兴趣的课外培训班。这种拔苗助长的教育方式往往会适得其反，使青少年产生强烈反抗的情绪。

3. 父母的管教过于严厉。有的家长信奉传统的教育方式，抱着"不打不成才"的观念，来挖苦、讽刺甚至打骂孩子，家长们本以为这种教育方法会激励孩子们进步，但结果却往往不尽人意。原因在于父母这种不正当的教育严重地伤害到了青少年的自尊心和自信心，因此，使青少年为维护自己的尊严而产生反抗的心理。

那么青少年自己应如何调适这种不良的心态呢？

1. 提高自身的文化素质，博学广见是青少年克服逆反心理的首要条件。青少年博学识广，在直觉上就能感受到逆反心理的荒唐之处，从而能不断的完善自我，广闻博见避免自以为是的固执和偏激，远离逆反心理。

2. 正确认识自我。青少年在接受教育的过程中，可以从正面的角度的重新认识自我，经常反思自己，并通过实际行动来努力完善自我。

3. 要学会宽容。俗话说：退一步，海阔天空。青少年要不断地提高自身的道德修养，按照正确的行为规范来严格要求自己，并取长补短，改正缺点。在日常生活中，宽容对待身边的每一个人，即使对方错了，也要心平气和地把对方的错误指出来，这样不就会赢得别人的宽容相待，进而使你们的关系就会更稳定长久。

4. 正确认识社会。随着社会的多样化，青少年会受社会上的经济制度的变革所影响，在缺乏经验没有正确的道德意识中，他们会分不清善与恶、美与丑、是与非等。使他们产生消极的心理。所以，青少年克服逆反心理不能只局限在学校这个小天地里，而是要置身于社会中，把对自己的思想情操和道德修养与社会的道德风尚相结合，以便提高青少年自己将来适应社会的能力。

5. 增强自信心。青少年产生逆反心理有时也是自卑心理的表现。这种类型的青少年只要通过不懈地努力，不断地提高自身的素质，才能得到别人的肯定和赏识，才能让自己在自信中健康快乐地成长。

逆反心理会使青少年对人对事产生多疑、偏执、冷漠、不合群的病态心理，还会使他们的信念消失、理想泯灭、意志薄弱、学习被动、生活萎靡等不良的行为。具有严重逆反心理的青少年可能会倾向于犯罪心理。所以，为了青少年身心健康成长，必须采取有效措施来克服逆反心理。

2. 化解亲情间的代沟

代沟就是两代人之间由于年龄的差异，对一件事物产生不同的看法和意见。从某种意义上来说，是指两代人因价值观念、思维方式、行为习惯、兴趣爱好等各方面的不同而在认识和行为上产生的差异、摩擦或冲突。彼此间出现你有你的观点、我有我的意见，因此，由意见不一致而在心理上会产生相互排斥的感觉。

"代沟"其实在生活中是一种很正常的社会现象，它是在不同的年代演变不同的历史而已，同时又是一个生物事件。前者是指随着社会的不断发展和变化，必然使长辈和青少年有着不尽相同的社会阅历，因此，彼此间所处的社会环境及社会任务也是有所不同的。后者是指一个人从幼年到青年到中年再到老年的不断演变过程，于是，由于生理上的不断变化必然会在心理上和行为上产生变化。所以，"代沟"不仅是家庭问题也与社会的不断演变有着密切的联系。

孩子和家长之间，往往有一道不可逾越的代沟。有时家长们在一起议论孩子时，总会有共同的感受，其一是父母认为青少年不理解父母的良苦用心，听不进劝解，因此，导致双方缺乏共同语言。从理论上分析，家长与孩子之间的相互不理解也是产生"代沟"的原因。

曾经有人说，随着社会的迅速发展和节奏的加快，不到三年的时间父母与孩子之间就可以产生或形成一条不可逾越的代沟。为此，现在的家长和孩子之间大约都存在有 5 条以上的代沟。

小斌父母公司旅游，但时间定在放暑假前两天。他们想带小斌一起去，小斌怕耽误功课不同意，他说："我不能没放假就去玩。"他父亲反驳道："要放假了，还有多少功课！"小斌："就是有功课，耽误一天都麻烦。"父亲："别夸张了，两天有什么要紧，而且老师也都要准备放假，哪还会给你们很多功课？"父亲这么直接驳斥孩子的意见，搞得气氛很僵。他母亲察觉不对，于是顺着小斌说："对，你已经六年级了，功课是不能耽误，赶功课的滋味也不好受。那你怎么办？"小斌："我可以不去，或放假后再到奶奶家。"这样，问题解决了。

青少年时期的孩子已经是一个小大人了，他们都有了独立思考的能力，逐渐的想逃脱父母的羁绊；而家长呢，总觉得他们还是孩子，对一些事物的认识还不够全面，怕他们会受到伤害，于是，总是放不开手，什么事都想替他们安排好，要他们按照自己的意愿去做，因此，青少年就会产生逆反心理。所以，父母和孩子之间的矛盾就由此产生：父母抱怨孩子不听话，而青少年却怨恨父母管得太多。因此，常常听到有些青少年与父母吵闹的现象。因此，家长教育方法不均衡，与孩子的自我发展不同步，以及社会的快速发展而产生比较激烈的代沟冲突。

其实，每位父母都希望"望子成龙、望女成凤"。父母把所有的希望都寄托在了孩子身上。父母把全部的爱无私地奉献给了自己的儿女，就是希望他们能超越自己，能够比自己风光。在父母心里，孩子能够快快乐乐地长大、能够考入理想的学府、能找到一份称心如意的好工作，能舒舒服服地过上安逸舒适的生活，自己就是再苦、再累、再艰难也毫无怨言。为了孩子的未来，父母可以为他们付出一切，可怜天下父母心。可青少年有时并不理解父母的良苦用心，他们想自由，想挣脱父母的羁绊和约束，他们期盼自己能够自由自在的在天空中飞翔。他们把父母给予的爱误解为不自由和束缚，把父母的教诲说成是唠叨，有时还幼稚地认为父母根本不疼爱自己，青少年的这种想法和做法让很多为人父母感到迷惑和不解。

一个来自北京三中的初二年级学生这样写到：我真的不明白，为什么爸爸妈妈有那么多的时间来干涉我的事？他们不让我骑自行车上学，不让我看电视，不让我和同学们利用假期去旅游，不让我穿牛仔裤，连时尚杂志都不许买。有一次，我和一个男生被选为代表去市里参加辩论赛，这是许多人抢都抢不来的好事，可是爸爸说什么也不许我去，连夜给学校打电话，说男生女生一起出去不方便。我因此错过了一次锻炼的机会……

从以上例子中，我们不难看出，在青少年朋友们和父辈家长之间确是存在着一定程度的隔阂和冷漠。父母说："我们全都是为你好。"孩子说："爸爸妈妈不理解我。"这实际上就是我们常常说的代沟现象。从社会学和心理学的角度看，所谓"代沟"实际上是指存在于亲子之间的一种代际冲突，这种冲突往往表现在认识和观念、情感交流、行为方式等多个层面。

据有关人士调查，有61%的青少年认为父母根本就不了解自己的内心想法，75%的青少年认为父母的思想太保守、太传统化了，76%的青少年希望自己能拥有一片属于自己的天空。

随着新世纪的快速发展，代沟的变化也越来越大，现在20岁的人与10的孩子对待同一件事的看法都不一样，40岁与30岁这个阶段的人对同一件事的看法也是完全不相同的。

现在有些青少年的想法令父母感到新奇和不解，如"月光族"是指月月把钱都花得光净；"负翁"是指那些负债累累的人；还有"急嫁族"是指那些大学毕业的女生因找不到合适的工作，而赶快找一个适合自己的人嫁出去。这些新鲜的代名词是当代青少年的一种新型价值观，这些都跟上一代人有明显的差别。因此，在这种的情况下，父母与青少年之间的冲突就会越来越激烈。

有位著名的教育家曾说："家中有一个青春期的孩子，不亚于有一个待哺的婴儿。"父母虽然希望自己的孩子早点长大、懂事，但是，由于不了解青少年时期孩子的心理特点，父母没有及时调整自己的教育方法，还是像对待小孩子那样对待他们，希望孩子对自己还是像小时候那样随声附和。一般父母的工作都比较繁忙，几乎没有空去倾听孩子的心声。于是，双方缺乏主动的沟通意识，更缺乏一些亲子间的沟通技巧。

代沟虽然是一种客观存在的原因，但也不是无法跨越的心理鸿沟，只要亲子双方用心去化解，就会渐渐缩小代沟。

3. 不能故意和父母赌气

所谓离家出走是指青少年在没有得到父母或其他亲人允许的完全不知情的情况下，私自离开家庭故意隐瞒其去向的行为。

青少年时期正处在"心理断乳期"，开始从心理上依赖父母，并逐渐发展为强烈的独立意识。随着他们独立的愿望日益强烈，其心理会迫切希望得到他人的尊重、信任。此外，这个阶段的青少年精力旺盛、求知欲特别强，然而，他们的实际知识水平却不高，由于缺乏各种社会经验，容易接受社会上某些人和事的不良影响，并在其引诱下可能会走上邪路。因此，青少年离家出走不仅荒废了自己的学业而且还影响自身的健康成长，有的甚至伤残。据调查，各国离家出走的青少年，有不少被非法分子割去了生殖器或肾脏等器官，造成他们终生残疾，使其终生痛苦不堪，最终把自己逼上绝路。还有些青少年离家出走后四处流浪，在生活上无依无靠，经常饥一顿饱一顿的。有部分回家之后，谈起这段刻苦难忘的经历，就会泣不成声、痛苦万分。

某市初三的一名学生，平时也不爱学习，在家里一有空就学打坐，还经常让爸爸妈妈帮他看自己的眼睛是不是冒火，掌下是否有生风。时间长了他见自己的功夫不见长进，于是，趁父母不在家，他就偷拿了家里2000多元钱，离家出走独自去少林寺学武。因为他不知道路，费了好长时间才找到一所武校。但是他身的钱已经花完了，当父母找到他时，他已经因为饥饿过度而躺在医院里了。

从以上例中我们可以看出青少年离家出走的行为是各有差异的，不同的家庭背景、不同的学校环境和不同的性格特征等都是有可能离家出走的。总体来说，青少年离家出走对其的身心健康成长是极为不利的。

心理学专家认为，青少年离家出走的主要原因在于本人。人格异常的青少年会对周围的人和事抱有怀疑的心态，与家庭的成员闹矛盾而突然出走。还有些青少年有一种喜欢到处走动、游荡的心理是一种喜好，渴望无拘无束的自由生活，具有大胆冒险的精神，但又缺乏家庭意识和家庭亲密感等，出走现象是他们消极性格的表现。

青少年离家出走是为了逃避一种令自己恐惧、处处受制约的学校环境。他们感到学习负担过重，随着厌学情绪的产生某种逆反心理也随之而形成。近年，随着教育体制的不断改革，老师对学生的评价体制却始终未变，考试成绩的好坏仍然是评价一个学生的好坏的唯一标准，当老师和父母们拿着他们的学习成绩来论长论短之时，成绩不好的学生就会遭到歧视和冷淡，这些现象都让他们产生不自信，不受重视的感觉，促使他们产生强烈的厌学情绪，不少青少年在这种情绪的支配下选择了离家出走来逃避负担。

有些青少年在媒体上看到一些因片面追求升学率造成一些学生压力太大而离家出走的消息后，在潜移默化的影响下，有的青少年就会加以模仿，以为是找到了寻求解脱的好办法。

随着信息时代的飞速发展，青少年通过各种渠道接受了大量信息后，有些青少年就会对学习不感兴趣，而热衷于学习以外的东西，比如迷恋网络游戏或早恋等。另外，拜金主义严重的青少年，在学习中经常表现出力不从心的现象，进而逃学出去挣钱或学某些明星离家外出闯天下等。

一封父亲写给离家出走的女儿的信

囡囡：回来吧！作为父亲，生活的艰辛算不了什么，而失去了你——囡囡，我才真的不能坚强了。我们在思念中反省，如果我们给了你失望的感受，那么你已经在近两个月的消失里惩罚了我们……爸爸不该打你……

女儿，自从离家的那一刻起，爸爸的心里就没有安生过，不敢看你用过的东西、照片……夜晚总因梦到你而被惊醒，以致再不能入睡……

青少年时期处于成长的困难期和危险期，其中 15 ~ 18 岁这一阶段的青少年表现得最为明显。这个阶段的青少年由于身心发展的不平衡会表现出渴望独立的反叛一面，他们的内心世界是极度敏感和脆弱的，此时，青少年会特别渴望得到父母的关爱和支持。当他们感受不到家庭的温暖和父母的关爱时，在学业的巨大压力下，就会通过一些极端的手段来释放心中的抑郁和不快。比如：离家出走。青少年离家出走的现象给家庭、社会及本人都带来巨大危害。一般孩子离家出走后，其家庭成员和老师所承受的精神痛苦是难以想象的。

在被人误解的时候，不要随便地不负责任地以离家出走的方式来抗争，而应该耐心地向学校老师、父母亲人说明，争取他们的理解和信任。

青少年不要随便离家出走，与大人赌气出门在外会让大人操心，也避免遇上坏人。要让家人知道你的去向。孩子是父母的心头肉，他们好不容易把你抚养大，他们灌注了全部的爱在你身上。

4. 恋母情结是怎么回事

青少年在某一时期，会对母亲产生过多的依恋行为，心理学家弗洛伊德称之为"恋母情结"，这是一种正常的心理现象。

在现实生活中，由于母亲更喜欢青少年的依恋和天真，往往过多地剥夺青少年与父亲交往的机会，人为地使"恋母情结"延长或加剧，一些年轻的妈妈常常骄傲地说："我儿子自小粘我，跟他爸爸倒敬而远之，星期天也不跟爸爸回爷爷家，只跟外婆和姨妈亲"。这种疏远父亲的"后遗症"，不仅使家庭中的"亲情关系"向母性群倾斜，而且对青少年心理的发展也造成了极为不利的影响。

某位感情纤细的女作家，所写文章多为风花雪月类，她这种多愁善感的癖好，也传染给了与之形影相随的儿子，儿子6岁时，便不敢走夜路，关了灯也不敢睡，喜欢积木及"小猫钓鱼"之类女孩子常玩的玩具，喜欢穿绣花衣服，性格也"像个女孩一样乖"。几年后，女作家终于意识到，自己有意把儿子从丈夫身边拉开，已经把孩子引入了心理发展的误区。

一位教育专家曾说过："人的性格大多是在一生最初几年内形成的。"而妈妈的言行和感情，对青少年性格的形成起着十分重要的作用。孩子呱呱坠地后，妈妈是他的第一任老师。婴儿时期，妈妈的怀抱、缠绵的歌声、轻柔的爱抚，这种种良性的刺激对婴儿的身心发育是极为有利的。随着孩子的慢慢长大，妈妈对孩子的爱抚如果依旧如故，这样会人为造成孩子的婴儿化心理时期延长，干预了孩子独立性的形成，在不知不觉中强化了青少年的"恋母"心理。

"恋母"的原因很多，归纳起来有几种：

一般来说，过于恋母的青少年往往是由妈妈的"感情私有"造成的。这些妈妈希望孩子只爱她一个人，只对妈妈一个人亲热，孩子越依恋她，她越高兴，她不愿意孩子对别人有感情，认为这样就会冲淡对她的感情。妈妈的这种心态往往会影响孩子的性格形成，甚至影响孩子的一生，这样的例子并不少见。

孩子在1岁半至3岁时是敏感性和依赖性最强的时期，如果妈妈过分保护和溺爱孩子，就会人为地造成孩子婴儿化心理期的延长，干预了孩子独立性的形成。婴儿时期，妈妈的怀抱、爱抚等良性刺激对婴儿的身心发育极为有利，但随着孩子渐渐长大，妈妈还如小婴儿一般对待孩子，就会不知不觉强化青少年的恋母心理。

心理学家认为，学龄前的孩子恋母可视为正常，进入学龄期后，青少年在社会心理发展方面变得上进、勤勉，开始有独立意识，此时，恋母太过则易造成心理障碍。

常见病态影响如下：

1、造成青少年依赖性变态人格，其表现为：执拗，自我为中心，而且生活能力差，易怒。既有幼儿式的感性心理——依恋（被动），又有霸王式的冷酷脾气（侵犯性），形成了矛盾的双重人格。

2、影响家庭关系：青少年不听父母的话，受到小小的责备就觉得委屈，搬来母亲当救兵。夫妻间常因孩子发生争吵。

3、因过分亲昵而丧失孩子气。母亲将业余生活多用在母子之间，使母子关系有时如亲密朋友一般，易与外界隔绝，使青少年变态早熟，感情像大人一样纤细。

4、亲昵刺激过多造成神经质，感情丰富而脆弱。男孩子恋母过重则易失去男性气质和魅力，由于受母性"同化"过多，易对女性进行模仿，长大后甚至可能发展成性变态，且难以适应其他女性。

青少年过分地依恋母亲，整日围着妈妈转，生活圈子过于狭窄，对青少年智能发展、合群行为的养成等都会产生不良影响。如果这种情况继续发展下去，还会造成青少年性格孤僻和感情脆弱，不能适应社会。

怎样避免青少年形成"恋母心理"呢？

一、青少年同其他亲人多接触，培养广泛的亲情。青少年适当离开妈妈，消除对妈妈的依赖性。

二、青少年要有独立生活和自己克服困难的能力，不要一切由父母包办代替。传统的育儿方式，往往是保护过多，总爱包办代替，生怕孩子跌破头、摔伤腿。殊不知，这样教养幼儿容易使下一代养成依赖习惯，性格怯懦，缺乏独立生活能力和克服困难的勇气，对日后适应学校和社会生活产生不良影响。

有一位美国儿童心理专家谈到美国儿童教养方式时，举例说明：美国的父母带孩子去公园游玩，当孩子跌倒在地上时，常常不予理睬，让孩子自己从地上爬起来。而中国的父母在同样情况下，一定会立即奔过去搀扶孩子，当孩子跌痛或受惊吓而哭泣时，做父母的还会装作用手拍打地面，责怪地面不平，使自己孩子绊倒。

在家庭生活中，青少年要与父母较早地分床睡觉，养成自立的习惯。

三、青少年要重视父爱的作用。

其实，父爱与母爱在家庭教育中有着同等的作用，父爱所给予孩子的坚强、刚毅、大度、宽容、幽默等心理影响，是母爱所不能替代的。如孩子每次考试结束后，母亲关心的往往是分数，是孩子在班里的名次；父亲关心的则是孩子的考试水平，有没有受到紧张心理影响。孩子考得不理想时，母亲常常要孩子缩减游戏活动时间，将精力更多地投入到功课上；父亲则建议孩子暂时通过游戏来释放自己沮丧的心理，而后者往往能取得较好的教育效果。

再如，跟父亲亲近的孩子一般懂得对别人的隐私敬而远之，认为好孩子从不该"耳朵软"、"嘴巴长"，相反，一些在素质不高的"姨妈"堆里长大的孩子，往往从小就成了"家长里短的传声筒"。这种坏毛病，很可能对他日后的交友及信用产生坏影响。

据一项对儿童的测验表明：从小受父亲影响的孩子，一般都自信、幽默、承受挫折力强。可见，在一个正常的家庭里，父亲的教育方式虽各有风格，但却不能否认在儿女成长中的巨大作用。

"恋母症"有一定的"粘合力"，母子难分难解，在实际生活中要因人而异，青少年要形成独立的新习惯。

5. 用心感受母亲的爱

雨果说："慈母的胳膊是慈爱构成的，孩子睡在里面怎能不甜？"母爱是所有的爱里最伟大的一种。那是母亲无偿的付出，也是无怨的行为。儿女是母亲用自己的爱浇灌而成的花草，儿女的成长离不开母亲的每一滴爱。母亲，一生为儿女护航，默默在儿女背后为儿女指引方向。

中学时代是每个人心理形成的阶段，母爱的伴随就是最为有力的防护罩，为每个中学生们阻挡着一切"病毒"的干扰。母爱是深沉的，蕴藏着丰富的感情，不尽的情思；母爱是无穷的，它形成花朵的海洋，飘荡着诱人的花香；母爱是伟大的，它饱含着深厚的意义，酝酿着你我。有一首耳熟能详的老歌："世上只有妈妈好，有妈的孩子像个宝，没妈的孩子像棵草。"无论你多么的渴望爱与被爱，在你学习爱的过程中，用感恩的心体会母爱的伟大是我们必修的课程。

感受母爱，提醒自己感恩

有比邻而居的两户贫苦人家，由于要抚养四五个孩子，两家都很穷困。有一天，两家最小的孩子在门口玩，来了一辆豪华轿车，从车上下来一个有钱的妇人，她对两个孩子说："我观察你们好几天了，你们真可爱。我没有孩子，你们谁愿意做我的孩子，我保证像亲妈妈一样爱你们，还会给你的妈妈许多钱。"这时两个孩子的母亲跑过来。其中一个抱过孩子大声说："我就是穷死，也不卖孩子！"而另一个母亲却在想了很久后，眼泪汪汪的接受了妇人的钱，让她带走了自己的孩子，而那个母亲因为有了钱日子好过了许多，但却时常受到周围邻居的鄙视。前者却受到了人们的尊重，但她的日子依然潦倒。

　　二十年过去了，潦倒的家庭依然重复着他的潦倒。有一天，他们的门口又来了一辆豪华轿车，从车上走出一位英俊潇洒的青年，他就是那个当年被抱走的孩子，因为继承了养父母的公司，坐上了董事长的位置，所以回来接他的全家。那个与他一同面对当年那个选择题的孩子看着眼前这位与他天地悬隔的贵人，看着母亲的眼光反而带着恨意：本来我也可以是这样的。

　　作为一个母亲，没有人会愿意骨肉分离，更别提寄人篱下了。母亲不是万能的，不可能让你予取予求，你想要什么样的生活就给你什么样的生活。但每个母亲的母爱都是一样的，虽然表现的方式不一样，正如在法律面前，人人都有同样的尊严，但是一个德才兼备的人可以得满分，一个沿路乞讨的乞丐就要大打折扣。

　　母爱是伟大的，是无私的。在上面这个例子中卖掉孩子的母亲的母爱更是可见一斑。她知道与其和孩子朝夕相处而受冻挨饿，不如让他吃饱穿暖而骨肉分离；与其在家共享天伦却愁容满面，倒不如让他心想事成而寄人篱下。母亲爱的是孩子，不是自己，只要孩子幸福，自己的痛又算得了什么。

　　现实社会中有的母亲外出打工供子女上学，有的母亲与孩子一同求学……无论关爱孩子的方式如何转变，母爱都是一成不变的。小时候认为母亲付出的爱是理所当然的，升入中学后如果还是如此认为，你就该开始反省了。

　　俗话说："滴水之恩，涌泉相报。"是每一个学子都必须拥有的，对身边的一切感恩，尤其是对父母，因为他们付出的不仅仅是"一滴水"。中学是开始铺展人生的舞台，也是每个人叛逆期的必经之地，在这期间每个做母亲的都怕自己的孩子走偏路，总是无时无刻的在孩子身边加以提点，这个时期是母爱的消耗期，所以你要对母爱感恩，对自己的母亲感恩。因为感恩是爱的表现，而母爱是无私的，无论你对她多么的不屑一顾，她始终会伴随在你的左右，为你的成功保驾护航。人生路上最灿烂的阳光莫过于知恩图报，学会感恩是一种情怀，学会感恩更是一种情操，感谢帮助我们成长的母爱，你的成长才能更加精彩。

在感恩中歌颂母爱

母爱是伟大的，更是无私的，有这样感人的一幕：儿子在教室里考试，母亲在外面等候。因为天气太热，气温的直线升高，使得这位焦急等待的母亲不久便中暑倒在了地上，之后被路人送到了医院。在医院，这位母亲一直没有醒过来，令众多医生感到束手无策，最后一个护士想到一个好点子，她在这位母亲的耳边轻轻地说了一句："高考结束了"。话刚说完，母亲便坐立起来，大声地说："我得赶紧问问我儿子考得怎么样?"在生死关头，这位母亲心里牵挂的仍是正在考试中的儿子。这是一种多么伟大的母爱啊。因为关心儿子，而忽略了自己的一切，甚至是生命。每个做父母在遇到这种情况时估计都会和这位母亲一样，也会同样的为我们付出，因为你是她的孩子。他们爱你，关心你胜过关心自己的生命。

母爱总会令做母亲的人在紧要关头做出一些惊人之举，甚至举世皆叹。没有历史史诗的撼人心魄，没有风卷大海的惊波逆转，只有源源不断如流水般的爱意，她就像一场春雨，润物无声，绵长悠远。

古往今来多少名人志士，多少文人墨客对母爱进行了无尽的颂赞。但只有拥有感恩的心你才能真正领悟母爱的真谛。母爱就像一首田园律诗，幽远纯净，韵味无穷；母爱就像一幅山水画，洗尽铅华，留下清新；母爱就像一首深情恋歌，婉转千回，余音绕梁；母爱就是一阵和煦春风，吹面而来，带来新绿；母爱是相伴一生的盈盈笑语，是漂泊天涯的缕缕思念，是儿女病榻前的关切焦灼，更是儿女成长的殷殷期盼。

73

唐代诗人孟郊的一首《游子吟》对母爱的歌颂，千百年来依然被人们所传颂："慈母手中线，游子身上衣。临行密密缝，意恐迟迟归。谁言寸草心，报得三春晖"。母爱的浓烈与厚重在此便可一一体现。孟郊虽然历经坎坷，但母亲的音容笑貌却时刻令他魂牵梦萦。当他得知母亲要来时，那掩盖不住的笑容，按捺不住的喜悦，抖落衣冠上的风霜，拂去心头积淀的风尘，携妻将雏，到溧阳城外迎接母亲。芳草萋萋，花香阵阵，白云舒卷，碧野晴川，无不洋溢着儿子不尽的思念。母子相依，热泪盈眶，握着妈妈温暖的双手，望着母亲苍老的容颜，不禁怆然饮泣，感慨万千，提笔赋诗，情思涌动，这首熔铸思念饱含母爱的《游子吟》，感人至深，诚挚深切，传诵千年。

唐代诗人杜甫在颠沛流离的生活中一直念念不忘母亲的关爱。在安史之乱后返回家乡时，看到田园寥落，物是人非。顿感凄苦忧愁，睹物伤怀，于是便将忧国忧民之心与思母之情相融合，互相生发，成就一首感人肺腑的《无家别》。"永痛长病母，五年委沟溪。生我不得力，终身两酸嘶。人生无家别，何以为蒸黎！"其言词悲切，凄苦哀绝，无不令人慷慨动容，垂下千秋之泪。

东汉末年，素有才女之称的蔡文姬被掳至匈奴，与家国作别，万里投荒。在被汉使赎回之时，无奈母子诀别，含悲引泪，亲朋相送，凄凉感伤。便在《悲愤诗》中写道："已得自解免，当复弃儿子。天属缀人心，念别无会期……号泣手抚摩，当发复回疑"。其言词凄怨哀伤，声节悲凉，读之使人落泪，醇烈的母子之情溢于言表。

散文学家余秋雨在一篇文章中曾经写道："一切远行者的出发点总是与妈妈告别……而他们的终点则是衰老……暮年的老者呼喊妈妈是不能不让人动容的，一声呼喊道尽了回归也道尽了漂泊"。母爱是身在异乡的孩子的最终归宿，是润泽儿女心灵的一滴甘露，丝丝缕缕，绵绵不绝。

母爱在万物之中沉浸，在天地之间充盈，<u>丝丝绕绕</u>，迂回旋转。有了母爱，社会才从冷漠严峻走向祥和安康；有了母爱，我们才从顽愚走向睿智；有了母爱，也才有了生命的肇始，历史的延续。作为一名中学生，我们不能一味的认为母亲的付出是理所当然的，必须以感恩的心去体会母爱，只有怀着一颗感恩的心，对待父母，你才会发现自己是快乐的，你才能放开胸怀，让霏霏细雨洗刷你心灵的污垢。

6. 用心感悟父亲的爱

高尔基说："父爱是一部震撼心灵的巨著，读懂了它，你也就读懂了整个人生！"如果说母爱像大海一样，是宽容博大的，那么，父爱就像一座高山，深沉而刚强。一直以来都有慈母严父之说，父亲是影响我们一生品格的导师；父亲是一棵大树，为我们挡风遮雨；父亲是一座灯塔，为我们指引前进的方向。

父亲不会像母亲一样给你鲜明的爱，他们的爱是含蓄的，内敛的，许多做父亲的大都不会表达对子女的关爱，甚至有时候会很凶，让我们感觉不到他的爱，但那与母亲一样对孩子的爱却是不变的。父亲有可能很沉默，但他永远会默默关注我们的成长。中学时段的叛逆期可能让你无法接受父亲爱你的方式，但只要你懂得感激，就不会让父爱在你身上成为僵局。

感悟父爱

有一种爱是无言的，更是严肃的，也许在感受到的时候往往无法细诉，但它却让你在以后的日子里越体会越有味道，终生难以忘记，那就是宽广无边的父爱。

一个长久在外打工的父亲，首次坐上了回家的火车。他激动的心情难以言表：再过八、九个小时，就可以见到自己亲爱的女儿了！女儿长多高了？是不是还和以前一样可爱？有没有变瘦？在妈妈的身边过得开心快乐吗？这些问号一直在这位父亲的脑海里反复出现。过了两站的时候，他突然看见在他的座位旁边站着一个和他的女儿长得很像，年纪也差不多大的七八岁的孩子，那孩子和她的妈妈因为没有抢到座位，所以只好站着偎依在妈妈的腿上，女孩的脸上流露出难过的表情……于是，这位父亲赶紧站起来，请那位母亲抱着女儿坐下，而他自己却站了七、八个小时。事后，有人问那位父亲他为什么要这样做，他只说了这样一段话："我之所以那样做，是因为我看到了那个女孩就像看到了自己的女儿一样，有哪一个父亲会让自己的孩子吃苦呢？"

父爱同样是伟大的，虽然没有母爱的缠绵，虽然透着无尽的严肃，但发自心底的爱是无法掩盖的。就像这位父亲所说的一样，没有一个父亲会让自己的孩子吃苦受累。

父爱也许严肃，也许不近人情，但爱就是爱，即使表现的方式不一样，其本质是永远都不会变的。父爱就像冬日里的一缕阳光，让你即使处在寒冷的天地也能温暖如春；父爱是一眼清泉，让你的心灵即使蒙上岁月的风尘依然将其洗刷得纯洁明净。父爱同母爱一样的无私，不求任何回报；父爱是默默无闻，寓于无形的一种感情，只有用心才能体会。父爱是一种精神，他让我们在成长的过程中有所依靠；父爱是一种力量，他让我们在前进的路途中勇气倍增；父爱是一种人格，他教导我们在风雨人生中闲庭信步；父爱是一棵兀立荒原的树，顽强地歌唱岁月的颂歌。

有人说父爱是复杂的，没有母爱的明朗与浓厚。其实不然，父爱其实很简单。其中蕴藏着的是太阳的光泽，是莽莽苍苍山林的气息。它像白酒，辛辣而热烈，容易让人醉在其中；它像咖啡，苦涩而醇香，容易让人为之振奋；它像茶，平淡而亲切，让人在不知不觉中上瘾。

更像是春天里的一缕阳光，和煦地照耀在我们身上；是夏日里的一丝凉风，吹散了我们心中的烦热；是秋日里的一串串硕果，指引我们走向成功；是冬天里的一把火，温暖着我们冰冷的心。无需语言，甚至无需何种方式——父爱，只是默默生成，慢慢积淀，静静流淌……

父爱没有母爱浓烈，却是一样的浓厚，没有母爱的极尽缠绵，却是一样的广阔无垠。父爱如伞，为我们遮风挡雨；父爱如雨，为我们清洗心灵；父爱如路，伴我们走向人生旅途……当你感到害怕时，父爱是一块踏脚的石；当你处于黑暗中时，父爱是一盏照明的灯；当你前行时，父爱是精神上的支柱；当你成功时，父爱是鼓励与警钟……父爱是深沉而久远的，纵使是丹青高手，也难以勾勒出父亲坚挺的脊梁；纵然是学术泰斗，也难以铭刻父亲不屈的精神；即使是海纳百川，也难以容纳父亲对儿女的关爱。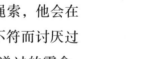

做为一名中学生，需要理解明朗的母爱，更需要理解掩藏在表象下的父爱。因为父爱在你的人生中扮演的不是拐杖而是绳索，他会在绳索的另一端看着你前行。也许你曾因父亲与你的理想不符而讨厌过父亲，逃避过父亲的严厉，排斥过父亲在同学面前为你递过的零食，这些都无可厚非，没有一个父亲会怪罪自己的孩子。在你成长的过程中，只有理解父爱你才能接受父爱，这将会是你一生受用不尽的财富。

在感激中体会父爱

每个人小的时候都会把父亲作为自己的榜样，认为父亲是无所不能的，并向着这个顶天立地的目标而不懈努力。但在进入中学的叛逆期时，这些感觉就会随着心理的成熟而逐渐变淡，而父亲却一如既往的严厉，并在你成长的过程中像斧头一样把你的恶习统统改掉。虽然严厉，但父爱却在其中展现的淋漓尽致。

人们常说父爱就是一座山，高大而威严；父爱就是一汪水，深藏不露；父爱就是一双手，抚摸着我们走过每一个春夏秋冬；父爱就是一滴泪，一滴饱含温度的泪水。父爱没有像母爱般绵长如水的柔情，亦没有体贴温馨的话语，不是随时可以带在身边的一丝祝福，也不是日日夜夜陪你度过的温度。但他却常常会在不经意间萦绕心头。

比起母爱的浓烈，父爱更像是一株丁香花，味淡而悠长。在我们的日常生活中母爱无微不至，触手可及，散发着浓郁的芬芳，父爱却从不善于用语言来表达，但随着时间的不断流逝，你才能品味出那淡淡的父爱所蕴含着的深远韵味。

比起母爱的啧啧有声，父爱更像是微风细雨，虽然润物无声，却是深情无言。父爱无言的情怀，是沉默的码头，在你疲倦时，会给你起航的力量。风雨飘摇中，父爱就像一棵松树，高大粗壮，是你力量与坚韧的象征。在与自然和灾害无畏地搏击后教会你如何适应环境，并在你的灵魂深处撑起一片绿荫，供你歇息，使你在努力生活的同时，深刻地领悟血脉的奔腾，父爱的厚重。

比起母爱的敞亮，父爱更像是一本名著，博大而又精深。对于那些我们不曾涉足的世事，母亲总是会在担心中唠唠叨叨，反复叮嘱，而父亲却总是在先听完我们的意见后，再提出自己的建议，为我们指明方向，剩下的全靠自己领悟。有时简单的一句话，就可能让我们终身难忘，在这样简单的父爱中，有着极其深刻的内涵，就这样日复一日，年复一年，在成长的里程中，父亲关注我们的不仅仅是衣食住行，还有我们心灵深处的美善与丑恶。

父爱比之母爱，没有月如光，没有绵如水，没有香如花，却有着自己的厚如山，浓如酒，淡如茶。作为一个处在叛逆期的中学生，接受父爱要比接受母爱艰难的多，在我们成长的过程中要学习的东西有很多，感谢、感恩、感激……都是必学的课程。父爱像母爱一样不会计较的给予，但若你懂得感激父亲对你的严厉，懂得父亲的苛刻，你才能真正的领悟父爱的真谛。

第二节　亲情测试　学会感恩

1. 你具有感恩之心吗

同学借给你的书被你不小心弄脏了，你怎么处置呢？

（1）赶紧去买一本一模一样的还给他，还给他的时候拼命强调自己有多辛苦才买到这本书

（2）尽最大的力量把书本弄干净，跟同学诚挚道歉

（3）相信同学不会怪你的，笑嘻嘻地把书还给同学

测试分析

（1）感恩到矫情

如果说你不是一个懂得感恩的人，你一定不会承认，因为你总是懂得怎么去报答别人，简单来说，就是"懂得做人"，当然，这是好事一桩，尤其当你步入社会后，你更会感受到这点让你如鱼得水，但是，如果用一种虚浮的态度来面对别人，不仅仅是让你自己受累，也会让别人觉得你有距离感并且感受到压力，感恩不是做出来的，而是发自内心的。

（2）感恩一根筋

你的性格应该是比较"蛮"的，倔强让你常常伤痕累累，但是，相对的，你的努力也会有所成果，虽然要比别人花去更多的力气，你是一个懂得感恩的人，然而，就像你做其他事情一样，你总是选择一种最艰难但最能让你良心好过的方式去完成，如果对方感激你，你会

觉得再怎么辛苦也是值得的，如果对方表现淡漠，那么你会觉得自己的付出没有回报而不开心，想提醒你的是，感恩也要懂得方式方法，并且对自己的付出不后悔。

（3）不懂感恩

感恩对你来说丝毫没有概念，或许这跟你的生活环境有关，让你自我中心的气焰嚣张，你觉得别人对你好都是理所应当的，或许，以你的活跃个性，你是会有很多好朋友，但是不要以为因此你的朋友就会纵容你，一次两次可能还会原谅你，但次数多了，大家就会受不了你的骄傲个性，要知道，大家都是平等的，别人对你好，你要记在心里，要懂得"惜福"。

2．测测你的感恩之心

有一种情感可以给心插上翅膀，带着心在天堂里飞翔，它的名字叫感恩。你的感恩之心怎么样呢？

请测测吧！

（1）你对祖国的忠诚度是

A．50%　　　　B．90%　　　　C．100%

（2）对于亲人对你的倾情付出，你会对他们表示感谢吗

A．基本不会　　B．有时会　　　C．经常会

（3）在大街上遇到乞讨者，你会

A．避而远之　　B．坦然走过　　C．给予帮助

（4）对于你所在的学校，你所持的态度是

A．很不满意　　B．有些不满　　C．基本满意

（5）在公共汽车上遇到行动不方便的老年人，你会

A．无动于衷　　B．不好意思让座　C．主动让座

（6）在餐馆就餐，你会对服务员表示感谢吗

A. 从来不会　　B. 看有无必要　C. 经常会

（7）你还能记得几位教过你的小学老师的名字

A. 基本没印象　B. 1-2位　　　C. 多数都记得

（8）你对报答父母养育之恩如何理解

A. 还父母的债　B. 社会舆论　　C. 源于血缘的亲情

（9）你如何看待你和竞争对手的关系

A. 对立关系　　B. 相互依存　　C. 让我成长

（10）对于别人善意的劝告，你所持的态度是

A. 从不接受　　B. 看心情　　　C. 虚心接受

测试分析

如果 A 选项偏多，你要注意了，这说明你的感恩意识较为缺乏，建议你从上述问题中提到的行动开始，逐步树立感恩意识。

如果 B 选项偏多，说明你是个懂得感恩的人，你已经初步了解感恩的意义。希望你将这种感恩的意识转化为行动。

如果 C 选项偏多，恭喜你，你已经将感恩上升为人生中的大智慧。希望你感恩的行动不仅仅体现在回报层面，而是体现在奉献。

3. 测试你的感恩系数

在古希腊的传说中，有一架神奇的天枰，它可以称出心的重量，心轻的人才能上天堂。据说，各种复杂的情感和生命中的牵绊会加重一个人心的重量，但有一种情感是例外的，它不仅可以减轻心的重量，还可以给心插上翅膀，带着心在天堂里飞翔。它的名字叫——感恩。

你学会感恩了吗？那颗感恩的心是否在春风的呼唤下渐渐转醒了呢？下面我们一起做个感恩的小测试，看看自己的"感恩指数"有多

高吧!

这个测试的题目叫"我的感恩指数"。方法很简单，只要依次回答列出的问题即可。为了使结果尽量真实，请仔细阅读问题，选出最适合自己的那个选项。好，测试现在开始：

(1) 你记得你父母的生日吗？

A. 都记得

B. 记得一个

C. 都不记得

注请将记的生日写出：父亲生日＿＿＿＿年＿＿月＿＿日　母亲生日＿＿＿＿年＿＿月＿＿日

(2) 你关心并了解父母的身体状况吗？

A. 关心，也比较了解

B. 一般，有时候想起来问问

C. 不太关心和了解

(3) 你了解父母的爱好吗？

A. 十分了解

B. 基本了解

C. 不太了解或从不过问

(4) 面对家里的家务活，你一般是怎么对待的呢？

A. 经常主动帮忙

B. 偶尔空闲才去帮忙或父母催促下才帮个手

C. 我的任务是学习，家务与我无关

(5) 你上次帮父母洗碗、扫地或者擦桌子是在什么时候？

A. 昨天

B. 好像是两个星期以前

C. 时间太长，早就忘了

（6）你了解家里的经济情况吗？

A. 非常了解

B. 比较了解

C. 不了解

（7）你经常和父母聊天或者谈自己的想法吗？

A. 是的，经常

B. 偶尔

C. 从来不

（8）你对父母说过谎话吗？

A. 从来没说过，我没什么要隐瞒他们的

B. 说过一次

C. 说过几次

（9）你经常和父母发生争吵吗？

A. 从来不，意见不一致时我会和他们沟通

B. 偶尔发生过

C. 是的，经常发生

（10）面对父母的教导和批评，你的态度是怎样的？

A. 虚心接受，认真改正自己的缺点和错误

B. 有时候听

C. 基本上不听，坚持自己的想法

（11）面对送你上学的父母离去时的背影，你是否有感动的瞬间？

A. 经常会有

B. 偶尔也会有的

C. 他们不送那还谁送，所以从来没有

（12）你对辛勤培育你的老师表示过感谢吗？

A. 有，并经常去探望老师或在过年过节时候送去祝福

B. 心里感谢，但没有表示出来

C. 教育学生是他们的责任，没有必要感谢

（13）你周围有几个一直很帮忙、很谈的来朋友，你认为：

A. 很感激与朋友的这段缘分，为有这样的朋友而觉得很满足

B. 既然是朋友，谁帮谁有什么好计较的

C. 互惠互利而已，当他损害我的利益时，同样会成为我的敌人

（14）在日常生活中，你是否会向社会上那些为你提供服务的人表示感谢？

A. 经常会

B. 有时会，有时会忘了

C. 从来不会

（15）你觉得你生活中有多少值得感激、感恩的事？

A. 很多（甚至数不太清）

B. 好像不是很多

C. 基本没有

附加题：你认为自己是个懂得感恩的人吗？（此题不计分）

A. 应该是吧，我觉得自己做得很好

B. 还可以，做得一般

C. 有些勉强，我做得不够好

测试分析

小测试做完了，你的"感恩指数"有多高呢？

选 A 得 3 分，选 B 得 2 分，选 C 得 1 分。

如果在你的在 38 分以上，那么恭喜你，这说明在对父母感恩这方面，你做得很好。但测试中列举的问题并不是全部，请你继续努力，做一个理解关爱父母的好孩子，并把感恩的心付诸行动，去做感恩的事。

你的得分在 *25分至37分*，说明你有一颗感恩的心，但做得还不够好。以后的生活中要学着关心、了解父母，选择恰当的方式和他们沟通。经过一番努力之后，相信你的"感恩指数"会一路飙升。

如果你的得分在 *25分以下*，这时你就要提高警惕了，你的感恩之心还不够大，还有一定的差距，但也不要沮丧，从前面的问题中找一些提示，想想自己接下来该怎么做。

通过这个测试，你是否对以后"如何感恩"有一个完整的规划呢?

4. 测试你是否常怀感恩之心

父母篇

分数 *5*，代表与你"完全相符";

分数 *4*，代表你"经常做到、想到";

分数 *3*，代表你"偶尔做到、想到";

分数 *2*，代表你"极少做到、想到";

分数 *1*，代表你完全没做到，想到。

1. 周围人相比，我对自己的生活感到很满足。

2. 经常得到同事、朋友，亲戚的关心和帮助，我很感谢他们。

3. 我和家人在一起，我感到特别愉快。

4. 总的看来，我是一个很幸福的人。

5. 我经常感受家庭的温暖。

6. 我非常重视环保，不乱扔垃圾，节约用水、用电。

7. 我很看重朋友的友谊，谁有困难，我会主动去关心帮助他们。

8. 父母年纪大了，身体愈来愈差，但我仍然非常敬重他们，关心他们。

9. 我永远不会忘记我的启蒙老师，每逢春节我都会去看望他们。

10. 对社会的发展充满信心。

孩子篇

1. 经常主动为父母承担家务劳动。

2. 学学习有困难，我会热情关心他们。

3. 我感到自己很幸福。

4. 如果爸妈心里不开心，我会想方设法，说句笑话来调节家庭气氛。

5. 我对自己将来的前途充满信心。

6. 我的小伙伴很多，相互之间都很关心。

7. 每年教师节，我都会给我的老师送一张"尊师卡"。

8. 我从不浪费一粒粮食，也不挑食。

9. 在生活上，我不与同学攀比，也不追求名牌。

10. 不管校内校外，我都非常爱护绿化，不采摘花木。

测试分析

50分以下（含）你的家庭亮起了"红灯"。在你的家庭，在你的身上缺少"感恩之心"。

51～70分，你的家庭亮起了黄灯。你也许在物质上什么也不缺，但缺少人文关怀，缺少感恩之心，所以，距离幸福家庭尚有一段不小的距离。

71～90分你的家庭亮起了绿灯，你是一位懂得感恩的人，为了家庭的幸福，你还要继续努力。

91分以上恭喜你，你正在享受幸福的家庭生活。

测试心得

感恩是什么？

有位年轻的妈妈，每逢孩子生日那天，她没有给孩子买生日蛋糕，也没有为孩子大摆宴席，却不忘记带孩子去产科医院，去看望那位曾经给自己接生的白衣天使，告诉孩子是那位医生阿姨把你带到了这个世界……让孩子给那位医生阿姨送上一束美丽的鲜花，送上全家一颗感恩之心。妈妈在孩子生日那天，虽然没有给孩子买生日礼物，却给了孩子无价之宝———一颗感恩的心。

感恩是什么？

感恩是一种心态，是一种生活态度，是一种精神境界，更是一个人的世界观。感恩，体现了人与人之间交往的准则，也是人与人之间一种凝聚力的内核。因此，在家庭生活中，我们不仅要感恩父母、感恩亲人、感恩社会、感恩自然，感恩地球，家庭中每个成员都应该拥有一颗感恩之心。随着社会发展，人类现代文明的进步，家庭，作为社会的一个基本单位，每一个家庭成员，在整个社会大家庭中，其力量是微不足道的。人类只有相互依赖，相互支撑，相互帮助才能更好地生存在这个地球上。

感恩之心是一切道德的起源。孩子幼小，这种感恩之心不是用说教可以教导、培养起来的。作为父母自己首先要有一颗感恩之心。做丈夫的要感恩妻子，是她的付出和奉献，使家庭更加美好和温馨，使她成为自己生命的另一半。做妻子的要感恩丈夫，在茫茫的人海中，是他的"发现"才组成了一个美好的家庭，是他在自身发展的同时也发展了家庭。我们要对自然常怀感恩之心，人类的生存与繁衍离不开自然的奉献。我们要对老师常怀感恩之心，每个孩子的成长和进步，都离不开老师的教导和培育。对一切曾经帮助过我们的人，都应常怀感恩之心，感激之情。

对孩子来说，感恩应该是父母给孩子必须上好的一堂人生必修课。让每个孩子懂得：他降临到这个世界上，每一步成长和发展，都离不开父母的养育，师长的教诲，朋友的关爱，大自然慷慨的赐予。对孩子来说，学会感恩，常怀感恩之心，就应该在自己的心中装着他人、装着社会、装着国家、装着地球，而不是一切"以我为中心"。

　　有个孩子叫龙龙。一天，他给爸爸妈妈洗了一次脚，他一夜之间似乎感到自己长大了。那天晚上，爸爸和妈妈都在看电视，他端了一盆热水进去，当他说要给他俩洗脚的时候，爸妈都惊呆了。他先给妈妈洗，然后给爸爸洗。龙龙说："爸爸的脚很粗糙，皮都裂开了。"他用毛巾擦那双脚的时候，感到毛巾都快被那皮肤粘住了。他觉得，爸爸的工作真的很辛苦，妈妈为了全家的生活，她的两只脚每天不知得走多少路？爸爸和妈妈一边洗脚一边摸着龙龙的头，龙龙觉得温暖极了。当然培养孩子感恩之心，不仅仅是洗一次脚。

　　感恩，应从家庭生活的每一件小事做起。父母生日，孩子给父母送上一个生日蛋糕，写上一张生日卡，是感恩；平时，孩子为父母倒一杯热茶，送上一条热毛巾，何尝不是感恩。感恩无须旁人提醒，应该发自每个人的内心。一个会心的微笑，一句关爱的话语，一个凝望的眼神，一种温暖的触摸，无不是感恩的载体。有了感恩，家庭就有了阳光，我们的日子就会变得快乐，日子即使过得非常清贫，但也活得有滋有味。懂得感恩的家庭，才是幸福的家庭。

　　当然，感恩绝对不是家庭成人世界对孩子的单向要求，而家庭中的每一个成员，不管是大人还是小孩，是男人还是女人，一种共同的生活态度，是面对这本生活教科书应共同学习的一个重要命题。

第一节　爱情朦胧　青涩之果

1. 战胜心动的痛

　　心动，是个很奇妙的词语。少女心动，又在奇妙的基础上平添了一丝活力。每个少女都渴望遇到一个让她心动的人，然而，每个少女几乎都曾有过心动的感觉，那是一种最激动人心、最让人悲伤、最想把它遗忘又最想把它保留在心底的感觉。心动是少女心中一个美丽的梦，是一次必不可少的感情经历，这种经历无法与其他感情并驾齐驱，更不可能用其他感情来替代，它是独一无二的。

　　心动，是上帝赐予人类的最为珍贵的礼物，它蕴藏着无限美丽，可是少女在渴望心动的时候有没有想过，在美丽的背后又有多少忧伤？心动就像一把双刃剑，在无尽的甜蜜中，有说不完的苦楚。因此，有爱，也有痛，爱的愈深，痛苦也就越深。心动与人的关系就像一条鞭子和被抽动起来的陀螺，鞭子令它动，却也让它感到了疼，只有忍受住疼痛，才能享受到一丝甜蜜；就像一朵娇艳的玫瑰一样，如果站在一边静静地观赏就会觉得它非常漂亮，可是如果伸手去采摘的时候就会被它的刺所伤。生活中，有多少少女因为心动而受伤！可她们明明知道会受伤，还是无可救药地陷入其中，执著地心动着。

　　依依是一个刚过 *18* 岁的小女生，从小长得就像个洋娃娃，模样乖巧可爱，不管谁见了都忍不住夸奖一番。俗话说："女大十八变，越变越好看"。现在的依依更是众人眼中的焦点，穿着时尚靓丽，浑身充满了青春的活力，追她的男生排成队，可是，没有一个让她动心的。直到有一天，她遇见了陆阳。

那天，在书店里，依依把手伸向了一本书，与此同时，另一只手也伸了过来，依依抬头一看，看到了一双清澈的眼睛，一瞬间，她便被这双眼睛吸引住了。然后，听到他说："你也喜欢这本书吗？那我让给你吧。"依依不好意思地笑了笑，说："没关系，我只是随便看看而已，还是你要吧。"两人对视着笑了笑。从交谈中，依依得知，陆阳刚从大学毕业，不过现在已经是一家公司的业务骨干了。

向来清高的依依这次不知中了什么邪，竟然对陆阳动了心，这种感觉是那么奇妙，好像天空都比过去的蓝了，空气也显得格外清新，对身边的每一个人都充满热情。可是，后来和陆阳的一次谈话中，依依得知，他已经有女朋友了，是他的大学同学，两个人相爱了三年，现在都已经到了谈婚论嫁的时候了。听到这个消息，依依呆了，她无法接受这样的事实，她更无法把陆阳从心中抹去，但是她笑着说："我们是好朋友，对吗？""当然。"依依幸福的背后有一种说不出来的压抑，因为她爱得深，所以伤得也深。

终于，她还是收到了他的结婚请柬，那一刻，她听到了自己心碎的声音。不过，她把自己打扮得很漂亮，带着笑容去参加他的结婚典礼，婚礼上，她看到了幸福的新娘，很漂亮，和陆阳很般配，故事就这样结束了。

依依的心动就像是一个美丽的梦，梦醒之后心里惆怅万分，不管梦的内容多么的华丽辉煌，可它终究是梦，总有醒来的一天，虽然，并不能算是真正的爱情，却会被她视为珍宝珍藏在内心。

有人说，少女的心动就像是心头中的一根刺，不能碰，也不能动，一触就痛。一想起生命中曾经有过的那段感情，就会想起伤自己最深的那个人，此时，心中就会荡起阵阵涟漪，别有一番滋味。也许难忘的并不仅仅是那个人，当心动有一天成为回忆，成为一个牵挂时，那种感觉才是最让人无法忘怀的。幸福是一种痛，伤心也是一种痛，也许，这就是心动的代价，其方法就是默默忍受伤害。

少女的心动是不顾一切的，是勇往直前的，她们的感情最丰富。正因为她们年少无知，所以，对爱情的理解不够深刻。她们渴望花前月下，渴望甜言蜜语，渴望对方每天都要给自己打一个电话，渴望有了矛盾一定要是对方先来道歉。她们希望男孩可以做自己的护身符，希望自己可以在男孩怀里任意撒娇，希望他们的爱情充满浪漫，希望他们之间能够开花结果。

总之，在梦里编织的美好希望都变成现实，可是，现实却又总不能让她们如愿。所以，这样的心动大都会以失败告终，因为，现实对两个年轻人来说太残酷了，他们没有共同生活的条件，前途一片渺茫，又显得如此无助，还时常为一些鸡毛蒜皮的事而争吵不停，他们的幻想都被现实泼灭了。

她和他是同学，高考过后，两个人分别去了不同的城市上大学，分别时依依不舍，四目相对，泪水湿了眼眶，说了多少的海誓山盟。但分别后的日子对他们来说，是那么地难熬，以前和他在一起的点点滴滴便成了她的精神支柱，每次接到他的电话是她最高兴的时候，和他总有说不完的话题。可是渐渐地，他的电话少了，和她说话也听不出以前的兴奋了，而且每次都敷衍了事，然后，匆忙地挂断，刚开始她并没有多想，只以为他是有急事，因为她陷得太深了。可是，到了后来，她察觉到有些不太对劲，但是，她不敢去证实，她害怕知道结果。终于到了暑假，他约她见面，她也意识到这次谈话的内容，可是她还是不愿意相信，谈话中，他几次欲言又止，她几乎都猜出他要说什么了。"我们还是分手吧。"听到这句话的那一刻，她的泪水无声地滑落下来，她知道，他们的感情已经无法挽回，带着伤痛，他们和平地分手了。

心动，其实就像是一棵小树苗，即使精心呵护，也是易折易损，如果稍有不慎，就会受伤。芸芸众生中，多少人都无可避免，这种事情不怪人也不怪事，只能说这样的心动太娇柔，经不起风吹浪打，终究逃不掉半路凋零的厄运。心动的少女注定要承受痛苦，也许从一开始心动的命运就已注定。

很多心动过的少女也许并不懂得心动到底是什么，不知道自己在意的是那个人还是那种感觉。有人说，心动是个美丽的童话，里面有王子和公主的幸福生活。有人说，心动是一道美丽的风景，里面有青山和绿水的永恒不衰。其实，少女心动，有爱更有痛，这是谁都无法逃避的，心动的魅力也正在于此，明知道会摔得头破血流，还是会有不计后果的少女闯进来，即使痛，也痛得心甘情愿。

2. 懵懂的初恋情感

初恋是人生当中开在心里的第一朵、绽放的鲜花，它富有朝气、绚丽多彩，初恋几乎是每一个中学生一生中最刻骨铭心的记忆，无法抹去的初恋情感，犹如初升的太阳一样美好。有一句话说得很好：初恋情怀总是诗。的确，中学生的心理是娇嫩的，细腻的，但又是风吹必倒的一种情感心理。对于中学生而言，一份浓厚而又纯真的情感，就是初恋。

平心而论，谁没有过年少时的懵懂初恋呢？

初恋的情感，如同清晨的薄雾，虚无缥缈，捉摸不定，最深情的凝望也无法穿越这份迷茫。正是这种朦朦胧胧似有似无的情感心理的萌发，让无数少男少女情不自禁地陷入其中。目光也就这样无可救药地停留在某个人的身上，只想穿越那深邃的眼底，只想猜透这个人的心事，只想随着他一起悲、一起喜，只想携起他的手一起走向春天，一起感受初恋的色彩，一起接受四季的变化。这种感情不是直白而无所顾忌的，它带有一丝含蓄，一丝模糊，一种奥妙而又难以言说的意味，欲罢不能、欲说还休最能表达这种感觉。

今年读初二的张琳，并不知道这就叫做爱情，她只知道她想时时刻刻看到他，他的一个回眸，一个笑容，一个背影都让她为之着迷，百看不厌。每当他无意间将视线转向她，张琳的心中便有一汪湖水泛起层层波浪，而湖中的睡莲也会在半梦半醒中悄悄绽放，成为瞬间的永恒。在日常的交往中，他对张琳所说的每一句话，她都铭记于心，还常常在人群中搜索他的影子，习惯为他默默地心中祈祷，习惯时刻享受着他浑身散发出来的热情和活力。张琳几乎为了他而生，而活，而死，甚至还心甘情愿地生活在这如醉如痴的幻想中。张琳不在乎最后的结果，不在乎这是对还是错，总而言之，她喜欢这种奇妙的感觉，虽然甜美中伴着苦涩，但却令她一生难忘。

可见，处于中学生这个情感变化的阶段，情感心理在此起着至关重要的作用。不自觉地心随他动，每一个视线都必有他的存在。其实中学生在初恋中无悔地爱着，痛着，但更多的是抱着这么一种心理：不在乎天长地久，只在乎曾经拥有。因为天长地久对中学生而言，简直就遥不可及，天方夜谭，因为中学生根本就没有承受爱情的能力。所以只能忍受内心的痛苦挣扎，不是他们不渴望轰轰烈烈、海誓山盟的爱情，但是更多是被现实所压迫着，因为这种爱情是只能开花而不能结果的。因此，只能要求在平淡中好好地去无回报地付出，精心地呵护着自己的初恋。而这种情感心理，恰如其分地将懵懂的初恋情感表现得淋漓尽致。初恋是美好的，它是每一个中学生人生当中的必经之路，谁都会与青春撞下腰。

初恋是最容易开的花，却是最不容易开花的果，无论何其美丽，何其凄苍，何其壮阔，这份美好只能存在你的记忆中，存在于文人墨客的深情篇章中，但是潜伏在人类的情感心理却在变化着。

初恋情感像春天里的濛濛细雨，剪不断理还乱，滋润着少男少女的心房，也淋湿了他们的衣服，虽然站在雨中能感受到对方的呼吸，但是看不到对方的脸，无法穿透层层的细雨而紧紧拥抱；初恋情感犹如夏天的骄阳，照耀着大地的每一寸肌肤，但却烧伤了很多花草树木，它让少男少女们感受到了光明，却又不敢靠近，怕一触即逝；初恋情感就像是秋天的果实，虽然是丰收的季节，但也伴随着辛苦与血汗，一不小心，就会颗粒无收，所有的付出都打了水漂，让人看不透又难以捉摸；初恋情感犹如冬天的白雪，晶莹剔透、洁白无瑕，让人不忍心破坏了这片银装素裹。初恋情感让人爱不释手，却也让人感受到刺骨的寒冷，让人看不透其外表底下到底藏了多少不解，多少无奈的情感心理。

辉对香香一见钟情，辉无法用语言表达那种感觉，总之，那是一种奇特的兴奋，一想起香香，辉的心中就会莫名其妙地颤动，紧接着就是笑容浮在嘴角上。辉想就这样静静地看着她，可是香香也总是不由自主地用眼睛瞟向他，几乎是肆无忌惮。久而久之，两颗年轻的心不约而同地开始相互靠近，没有任何语言，只凭借肢体语言，辉和香香就已经很明白对方的心意了。只可惜好景不长，中学生谈恋爱注定没有好的结局，注定要分开，在毕业典礼上，香香对辉说她要遵从父命，回南方工作，但是辉却要留在这个宁静的城市工作和生活，于是便忍痛分开。随着时光的流逝，几年后，辉结婚生子，但和香香的那段朦胧的情感却始终没有忘怀，并常常将它埋在心底，不时地拿出来品味一下。直到在同学聚会上，辉和香香再次重逢，但是却没有想象中的那么心潮澎湃，他发现，香香和其他的女人相比并没有特殊之处，双方都只是礼貌地相互问候，"这几年过得还好吗？"此刻辉才幡然醒悟，原来他只是怀念当初和香香在一起的感觉而已，她已经被他定格在那个年代，而现在的她早已不是当年的她了。这时他笑了，原来恋爱只是初恋。

从这个故事中我们不难看出其中的奥妙，初恋的美好不在于某个人，而是在于其中的过程。但现实生活中，还是有那么多的人怀念着，其实，怀念初恋并不意味着那个人是多么的永恒，而是纪念那个过程是多么的重要。

著名女作家三毛曾写下："初恋是人生的里程碑。"特别是中学生们，因为太年轻了，根本就没有真正搞清楚什么才叫做爱情。只在乎一时的感觉，而这种感觉却是人间所有；不需要高明的恋爱手段，只要两厢情愿，你有情我有意，一拍即合，但事实却没有这么简单。情感心理专家认为，中学生时代根本就不是爱情的季节，之所以有躁动的心，完全是由于随着年龄的增长，其生理、心理发展也会随之完善。但并不是有了一定的发育，就有了爱的权利，有这种想法的中学生，是错误的情感心理所导致的。因为中学生们根本就没有承受爱情的能力，因此，中学生们一定要端正好自己的情感心理，初恋谁都会走过，只不过是时间早晚的问题。有的中学生情愿为了爱情而痛不欲生，也甘愿走遍天涯海角去寻找爱情，自认为可以在爱情的道路上过关斩将。其实情感无疑给心理造成严重的负荷。因此，中学生应正确面对懵懂的初恋情感。

初恋的感情是迷茫而懵懂的，是神圣而蓬勃的，是幽深而凄迷的，也是炽热而又强烈的。初恋带给花季少男少女们希望，也带给他们无数次的失望；初恋让年轻的生命充满活力，也让年轻的生命承受痛苦；初恋能让花季少年以饱满的热情投入到学习中，也让他们承受着拖后腿的心理折磨。因此，情感心理是否健康在此起着决定性的作用。

3. 刻骨铭心的暗恋

中国有句俗话："哪个少女不怀春"，处在花样年华时期的少女或许很多人没有经历过恋爱，但大多数都有过暗恋史，不管是暗恋他人，还是被他人暗恋。对新生代的人来说，暗恋是一个早已过时的词语，敢爱敢恨，敢作敢为才是潇洒，所以，如果要恋爱就得明着恋，不求任何回报的暗恋，已经不能适应现代的社会。也许，这是对的。可事实上却是，尽管人们的爱情观念随着社会的进步和发展而不断开放，还是有一部分人"爱你在心口难开"、"为他消得人憔悴"，宁愿忍受感情的折磨，也不愿说出来。

暗恋是最诱人的话题，也是少女们最敏感的话题。提到暗恋，一般人们总会觉得苦涩、委屈。其实，暗恋一个人是一件痛并快乐的事情，是人间最幸福的事，又是最痛苦的事，是最高雅的事，又是最浅显的事。不过，在她们内心深处，她们清楚的明白只要真心喜欢一个人，即使有痛苦也是心甘情愿的。暗恋的日子，是苦涩而甜蜜的。暗恋，给人留下刻骨铭心的回忆，一辈子都会记忆犹新。

世上的人不一定人人都有兴趣感慨暗恋，但暗恋却会成为爱情中的永恒话题。对于活泼奔放的少女来说，她们的生活是单纯的，同时也是单调的，对方一个眼神，一句话语，一个动作，甚至一个背影，都会让她们陶醉在自己的幻想中。一个人演绎着世间的悲欢离合、轰轰烈烈。她们会为暗恋的那个人喜不自禁、痛不欲生，会因对方而精力充沛、废寝忘食。对于这份不见天日的感情，她不求回报，只是默默付出。那种奇妙的感觉，如果不亲身经历，就不能真正地体会。

这是一个发生在奥地利的故事。1932 年，一个女人已经濒临死亡，同这个大千世界芸芸众生的命运相比，她的命运显得太简单也太曲折了。她耗尽一生去暗恋一个才华横溢的作家，一个风流潇洒的作家，一个会用快乐消耗自己生命的作家，一个受到万千少女宠爱的作家。作家小的时候和这个女人是邻居。

她和所有的少女一样，从第一次见到作家时就被他非凡的才华和优雅的谈吐吸引住了，那一年，她15岁，还很羞涩、很腼腆。那个年龄，别的女孩子都还在游戏年代，可她却无可救药地全身心地沉浸在作家的光环中，她不能自拔地爱上了他，爱得执著而又热烈，爱得伟大又不求回报。没有暗恋之前，她的生命是苍白的空虚的，暗恋让她生命中的每一天都充满了阳光，充满了活力，充满了希望。

然而，命运对她却不太眷顾，她的暗恋始终停留在这一阶段，那个名扬天下的作家始终对她的存在和她的不顾一切的感情毫无了解。生性风流的他虽然和她有过两次肌肤之亲，而且她还有了他的孩子，可作家还是什么都不知道。作家居然没有认出和她一夜风流的女孩子是昔日的邻家妹妹，更没有读懂她美丽的眼睛中所蕴藏的无限深情。也许，他看出来，只是装作不知道，也许，他根本不相信这个世界上有纯净无瑕的感情。而她，最终也没有吐露自己埋藏多年的心声，独自一个人在暗恋中体验着，挣扎着，痛苦着，甜蜜着，宁可在忧虑中忍受期待的焦灼，也不肯放弃一丝一毫对他的感情。

后来，她的孩子死了，那是她延续的爱情和生命，她也要死了，枯萎且刻骨铭心的暗恋，使她在生命的最后一刻，也没有后悔当初的所作所为。

自从出现人类文明以来，暗恋就已经存在了。这个女人在少女时的一次心动，让她的一生都饱受苦难，可她从没有怨过。不懂得暗恋的人一定都以为这个女人太傻，不值得这么做，固然，这样的暗恋代价是太大了些，可是，暗恋有时很难用语言来解释，少女一旦心甘情愿地为某个人付出，再强大的力量都不能将她动摇，即使得不到的感觉，她依然会坚持的。所以，对暗恋的理解，仁者见仁，智者见智，似乎怎么说都在理，也似乎怎么说都缺理。

泰戈尔有句名诗："世界上最遥远的距离就是我站在你面前，你却不知道我爱你！"也许这是对暗恋最好的诠释。大概女人的少女时代，都曾有过暗恋的事情发生，每个少女心中都有一个令自己朝思暮想的男孩，想起那个人，会不自觉地傻笑。会习惯性搜索那个人的声音和背影，关注他的一举一动。如果真正面对他时，却又不敢正视他，只听到自己的心在"砰砰"地跳个不停，甚至手足无措，一心想的就是马上逃离现场。暗恋之所以让少女刻骨铭心，也许就在于这些遗失的美好吧。

林岚说上高一的那一年，她暗恋班上的一个男生，那年她才17岁。那个男生是班长，自从进入这个班级第一天起，她就被班长的那份活力和幽默风趣吸引住了，而且，班长的能力也很不错，把班级管得井井有条，班主任对他十分放心，因此，班里许多女孩子都愿意与他交往。

林岚不是一个性格开朗的人，当然不会主动去和班长搭话，它把对班长的好感放了心里，看到他身边围着一群叽叽喳喳的女孩子，那种滋味儿别提有多难受。时间越长，她对班长的思念就越浓，她希望天天可以见到他，听他说话，常常在不经意间提起他，又在别人提到他时若无其事地插上几句，其实，她的内心早已翻江倒海了。每当学校放寒暑假的时候，是别人最高兴的时候，可她却怎么也高兴不起来，因为，放假就意味着将有很长一段时间见不到他。她可以为了班长的一句话而魂不守舍，为了他的一个眼神而陶醉半天，这已经成了她的习惯，她曾经也想过要彻底摆脱，可她根本做不到，与其说无法自拔，倒不如说不愿拔出。

高考过后，大家都要各奔东西了，班长考上了北方的一所大学，而她听从了父母的安排去了离家较近的城市。多年后，林岚回忆起当年，仍有丝丝余味在心头，那种感觉无可代替。虽然，远在他乡的那个人并不知道这份感情，但她宁愿固守这份执着。

也许这是大多数暗恋者的结果，明知这段感情绝无可能得到对方的响应，明知道对方不可能对自己做出承诺，明知道两个人处在完全不同的世界，却宁愿深深地陷入感情的深渊，无法自拔，暗恋实在是一件最不幸最顽固的情感。毕竟，每个少女都有爱的权利，而对方也有选择的权利。

有人说，暗恋是一种快乐；有人说，暗恋是一种痛苦；有人说，暗恋是一种美丽；有人说，暗恋是一味伤神剂。也许，在这个世界，暗恋是最真挚、最纯洁、最让人心酸的感情，默默地关注一个人，无私地奉献着所有，静静地期盼着一份永远不会降临也根本不属于自己的感情。虽近在咫尺，却远在天涯。暗恋，怎能不让少女刻骨铭心？

4. 三角恋爱是进是退

三角恋爱，好像从古到今都伴随着爱情，不离不弃。十几年前深受少女喜欢的琼瑶小说，普遍采用三角恋的模式，为爱情增添了不少色彩。正是这种千丝万缕的三角恋爱关系，让多少少女为之痴迷，为此让许多年轻人找不到正确的爱情观。

三角恋爱是爱情长河中的一个漩涡，古今中外，总是有很多人深陷其中而不能自拔，苦恼不堪。或两男一女，或两女一男，不管哪种情况，都需要认真、严肃地对待这个问题，根据情况决定如何妥善处理。恋爱中的少女总是不理智的，她们可以为了追求爱情不惜一切，采用很多过激的手法，甚至甘愿成为第三者，把爱情当作生命的全部。然而，现代的社会里有很多影视剧里出现三角恋爱的片头，这现象已经不是什么新鲜的事了。不知道少女在崇敬爱情的同时，有没有想过，如果自己遇到了三角恋爱，该怎么办？是维护自己的爱情而努力争取，还是默默退出将爱情拱手送出？

如果在三角恋中，自己扮演的是一个第三者，显然是不符合社会道德的，明智的少女最好不要涉足其中，企图以自己的某种优势从别人手中抢到爱情，是把自己的幸福建立在别人的痛苦之上的行为，这种做法是难以得到世人认可的，它肯定会受到社会舆论的谴责。恋爱中的第三者，就是爱情的掠夺者，即使出于真心，也不会被大众所接受的。如果能另寻属于自己的感情，既不伤及别人，又不令自己痛苦，岂不是一件既伟大又幸福的事情？当然，如果那个人的感情早已支离破碎，名存实亡，而且分手是迟早的事儿，那你就不必太过于小心，这个时候大胆追求自己的爱情，相信不会有人加以指责。

琼瑶的代表作之一《烟雨蒙蒙》便是典型的三角恋爱，何书桓与陆依萍和陆如萍三人之间的纠葛令多少少女心神荡漾，依萍外表坚强，而她的妹妹如萍外表柔弱，姐妹俩同时爱上了何书桓，而何书桓的心也在两个人之间摇摆不定，最终选择了依萍。几次的分分合合，让这段感情道路充满了荆棘，然后，注定了不能在一起的结果。如萍的自杀终止了这段感情，无疑，在这个感情里，她是受伤最深的，而她的自杀也让书桓和依萍无法面对对方。故事的结局是何书桓一个人远赴他乡，依萍一个人伤心欲绝，三个人谁都没有得到想要的幸福。

小说的结局让人感叹不已，也许一开始就注定了这样的结局，三角恋爱中的每一个人都饱受其害。仔细观察不难发现，如今的三角恋爱大都发生在好朋友之间，面对友情和爱情，少女应该如何选择？这真的是一件十分残酷的事情。

周群、丽丽和林枫都是大学时的同窗好友，她们俩都很喜欢幽默、开朗的林枫。大三的时候，林枫向漂亮、聪明的丽丽伸出了爱情之手，很快两人确立了恋爱关系。大学毕业以后，丽丽到外地参加了工作，而周群和林枫留校，如此便有了更多的接触，周群时常来给林枫打扫房间、洗衣服、做饭。后来，丽丽发现了事态的严重性，但她不知道该怎么办，一边是恋人，一边是朋友，实在是进退两难。她既不愿失去最爱的人，又不愿意伤害最好的朋友，于是她便想和周群好好地谈一谈，解开彼此心里的心结。谁知，周群根本就不能听进去她的话，反而加深了对丽丽的怨恨，此后，她更加频繁地去看望林枫，林枫为了避免误会扩大，就有意无意地躲着她，还婉转地表达了他心中的想法，他说他爱的只有丽丽一个人，让周群以后还是不要再来看他。周群听了这话，伤心极了，并且把所有的怨恨都加在了丽丽身上，她们之间再也没有昔日的融洽可言，而丽丽也因为这件事和林枫之间有了隔膜，最终以分手告终。三个人都在忍受痛苦中煎熬着。

这个故事的结局是残破不堪的，爱情和友情都消失了。很多不经人事的少女都会认为，爱一个人是她们的权利，是自由，爱情不分先后，可以公平竞争。但是，不管怎样，以摧毁别人的爱情来换取自己的爱情，毕竟不是什么正大光明的事情。什么恋爱高于道德全都是空谈，发生在朋友之间的三角恋爱，真正得到幸福的少之又少，多数会在阴影和猜疑中夭折掉，即使得到了，也要背负着无尽的压力。为什么明知道没有好结果，还要浪费自己宝贵的青春呢？什么是生死相许？什么叫不枉此生？难道就是硬给自己塞些错误的内容吗？

如果在三角恋爱中，自己是一个受害者，该如何选择？这个时候就要问自己两个问题：恋人对自己的感情是否真心？自己是否很珍视这段感情？如果是，那就不要犹豫，勇敢地站出来维护自己的爱情，不管遇到多大的干扰，都应毫不动摇。情场不是战场，爱情也不是战利品，不能随便地拱手相让，如果你真的够重视这份爱情，就应该坚定自己的立场。可是，如果恋人对第三者的态度暧昧，不做明确的表示，则说明他对自己还不够专一，与其眼睁睁地看着这份感情被第三者抢去，倒不如自己主动退出。因为人的心是很难说的，爱的时候是真的爱，不爱的时候也丝毫勉强不了，既然他变了心，那不如成全他们，这绝不是一种无能，而是一种明智，死守一段根本不属于自己的爱情是没有任何意义的。

感情都是自私的，不可能和其他人分享，花样年华的少女，千万不要让自己掉入三角恋爱的漩涡中，一旦有此倾向，一定要主动退出。几乎所有的三角恋爱，到最后都是三个人一同受苦，这就是爱情的无奈，谁又能去说什么呢？只有不让自己陷进去，才能不受其害，才能追求更现实的幸福。

5. 爱的距离产生美

人们常说："距离产生美，保持距离就是保持一种感觉。"这话说的很有道理，距离是一个空间和路程的概念，但有时候因为时间和位移的演变而成为一种心理感受。正因为距离随着少女的心理活动而不断地产生变化，使它最终成为生活中的一种困扰，一种遐想，一种需求，一种心理倾向。

距离怎么会产生美？会的，因距离产生了思念，而思念则产生了美。美是一种事物，一种心理反应。每个人都喜欢美、崇尚美，都愿意用自己的眼睛去发现美、追求美。如果我们想拥有美，那么，在追求美的过程中要把握好一个度，明确地说，就是处理好美与距离之间的矛盾，否则，就会很难发现美。

美学家说"距离产生美"，诗人说"距离产生思念"。确实，人与人之间是否有思念，不在于空间的距离，而在于心理距离。秦少游曾说"两情若是长久时，又岂在朝朝暮暮"，这不正说明自古如今恋人们相隔两地的相思之情。有情人即使分别在天涯海角，心里也装着另一半；若是无情人，哪怕朝夕相伴也不是同路人。

"我有自己的生活，爱不是每天相依为命；我要对爱坚持半糖主义，永远让你觉得意犹未尽，若有似无的甜，才不会觉得腻……"听 S. H. E 的《半糖主义》，琢磨着"半糖"滋味，有点甜，但又不腻。"半糖恋人"则是始终处在稍微拉长点距离就会思念对方的位置。

"一日不见，如隔三秋。"是距离培养了美的思念。里面隐藏的含义就是由于距离产生了思念。距离在这里可以分为时间、空间和思想三种，大部分时间这几种距离是同时存在的且不可以分割的。如果少女在其中无法发现美，那么，其中一定存在着困难，此时处理困难，就是克服美与距离之间的矛盾，只有两者之间的矛盾克服了，美就像一道弧线呈现在你的眼前。

爱，不一定是自私的。"距离"只是宏观界定，不好用尺度衡量，怎样掌握恋人之间的距离？太近了容易"追尾"、"翻车"；太远了又可能"失控"、"疏离"；不远不近，若即若离，若有若无，其中的道理，只可意会，不可言传。所以，如果觉得自己的爱情有些乏味，就相见不如怀念吧。当然，说着容易做着难，如何把握"半糖"的浓度才是关键，一不留神，"半糖"可能会变成无糖。

距离太远了，双方不能很好的了解，彼此之间容易产生冷淡、疏远；距离太近了，容易发现对方的缺点和不足，彼此间还会产生磨擦和厌倦。这就需要我们把握好距离的尺度，保持好微妙适当的距离，这样才能做到相敬如宾，才能保持爱情长远。

男女朋友一定要保持好距离。这距离不是隔离和隔阂，而是在行动上、感情上、交往中不要过于亲近，否则，容易因爱而产生怨恨。例如情侣间的误解与变迁所产生的距离，使那些相亲相爱的恋人变成擦肩而过的陌生人。

照相机因为与人保持了一定的距离，所以，才拍出了最佳效果。如果我们在适宜光线下，不能调节好焦距和物距，那么，我们就不能留下这精彩的一瞬间和美好的回忆，更不能珍藏这段永恒的幸福。所以，距离能产生美，如果一个人对某人产生了崇拜和爱慕，是因为与他们之间有一定的距离，他们对对方的了解，只是表面、肤浅的。那么，恋爱中的情人，如果他们之间稍有一点的距离，他们看到的只是对方的优点，等接触的时间长了，距离走的近了，双方的缺点暴露后，矛盾就会随之而来，此时，难免会发生争吵和敌视。

美是用距离来建造的，因为时间的距离会培养美的感觉。"小别胜新欢"说明适当的距离会使夫妻间感情更加美妙、更加和谐。两个恋人之间应该保持适当的距离，这样就会使彼此间的恋情变得更加牢固，同时，也会留下美好的思念和纪念。不易太近也不易太远，否则会产生厌倦和疏远。

距离是一把双刃剑，它给我们带来期望和浪漫，同时也考验了我们的爱和诚意。比如欣赏一幅油画，如果站的角度和距离不同，那么，鉴赏中所产生的感觉也就不一样，欣赏的效果也各有不同。观赏一道美丽的风景，不管当时你参照什么样的物体，哪怕是在花丛中，但最美的风景还是在远方。在生活中欣赏一个人也是如此，每个人的内心世界都是深不可测、相携而行的，不同的思想，不同的心情，不同的情感，不同的爱意等等，都会因为距离而产生不同程度的感悟和想象，都会因为不同程度的接触或接受，而产生多种看法，如人世间的美与丑、真与善、恶与恨。正如民间所说的："远水不止近渴，远亲不如近邻"这就是因距离而产生的不同程度的变化。

距离也会产生动力，每个人都是向着自己的目标靠近，此时，正因为有了距离，所以，才有了想要靠近的动力。人生意义就是在旅程中不断寻找自己的幸福。这种距离就像皮筋，拉的越远，弹力就会越大，动力也会随着变大。所以，当我们仰望天空，看那些遥远的星星和月亮时，觉得它像珠宝、像钻石，当我们真正登上星星和月球时，就会发现月球和地球一样有山、有土，和陆地一样凹凸不平。在现实生活中也是如此，一切美好的事物都是因为距离才产生了美。

总之，没有距离，便没有美。少女如果想让自己的爱情永堡青春，两个人永远的相恋下去，那么，在追求的过程中就应该把握好一个度，这样才能处理好美与距离之间的矛盾。才会让两心相悦的爱不会因距离而变质，只会让爱越发香醇和长久。

6. 爱情至高无上吗

爱情，确实是上帝跟人类开的最大的玩笑之一。几千年来，这个话题一直被人们津津乐道，却始终没有人能够潇洒地穿透。几乎所有历经爱情的人都曾陷入在扑朔迷离、欲擒故纵、患得患失中，折腾了大半辈子，有山穷水尽，有柳暗花明，有穷途末路，有峰回路转，到最后还是没能参透爱情这本厚厚的书。在这个看重地位、名利、权利和金钱的物质社会里，爱情依然占着不可动摇的一席之地，依然有一些把爱情看作至高无上的人，尤其是不经世事的少女，从她们对那些近乎弱智的爱情电视连续剧的那份痴迷程度，就能够看出来了。

爱情究竟是不是至高无上呢？其实，这个问题是没办法回答的，关键还是要看你是不是一个爱情至高无上的言论者。有人说："爱情至上是会死人的"，这句话绝对不是危言耸听，需要引起人们的重视。爱情至上者，经常会摆错爱情在人生中的位置，她们把爱情看得比什么都重要，甚至会因为爱情而忽略亲情、友情。实际上，当你不顾一切地为爱而爱时，结果必然会失去一切，最后，连你全力追求的爱情也会离你而去。试想，一个为了爱情丢了工作，误了学习，甚至背离家庭的人，会得到真正的爱吗？爱不是孤立的，就算你得到了至高无上的爱情，又能怎么样呢？这一份孤独的爱真的可以让你幸福一辈子吗？

大家都知道大名鼎鼎的诗人徐志摩，如果称他是一个至高无上的爱情论者，恐怕不会有人反对吧？如果抛开他的诗集不说，单看他的为人，大多数人对他几乎没有一点好感，因为他的无情，因为他的自私，因为他的爱情至上。先说他对他的第一任妻子，可以说是冷酷至极，没有尽到一点为人夫的责任，而且，从来没有停止过对妻子的嘲笑和讽刺，曾经把初到英国的妻子抛下而不闻不问。再说对自己的两个儿子，更是没有尽到一个为人父的责任，从出生的那一天起，他几乎就没有和他们在一起呆过。因为，他认为有比这更重要的事情，那就是追求自己的爱情。是的，他是一个感情丰富的诗人，但无论他的骨子里有多少浪漫和诗意，却因此烙印自私而显得苍白无力！真正的美丽在于林徽因的选择中，为了成全徐志摩的责任，她选择了另一段婚姻，我们也完全有理由相信，正是由于徐志摩的不负责任才让林徽因伤痛而下此决心，嫁做他人妇。

在林徽因嫁为人妇之后，徐志摩又开始了另一段轰轰烈烈的爱情，他开始追求上流名媛陆小曼。当时陆小曼已是人妻，可是徐志摩硬是不顾社会的言论硬要和她在一起，因为父母的极力反对，他和家里几乎断了来往。他和陆小曼过着近乎奢侈的生活，由于陆小曼花钱大手大脚惯了，这让徐志摩不得不天南地北地去各个大学讲课，以赚取足够的钱来满足陆小曼的物质欲望，整天弄得身心疲惫，可是陆小曼却并不懂得心疼丈夫的身体。后来，因为一次飞机失事，徐志摩结束了他年仅 36 岁的生命。

这种为了追求爱情而荒废事业、抛弃责任、背弃家庭的行为，真的毫无魅力可言。真正的爱情观，不应该将爱情与事业和责任脱节，可以说，爱情至上者的悲剧是一种毫无意义的悲剧！爱情至上者总是不知道如何去爱一个人，只想紧紧地抓着，时时地想着，被爱的人就是她们的一切，为对方的高兴而高兴，为对方的伤心而伤心，害怕被忘记，被遗弃，害怕没有安全感，到最后变得疯狂，甚至为他生，为他死。这种观念难道不是可怕的吗？不仅自己精神紧张，也会给对方造成太多压力。这也正说明了这样的人只是一个心智还未成熟的人，把爱情当成了一切，认为爱情就是全部。

现代的社会上提倡爱情专一，提倡为爱情挣脱封建的束缚，因为它符合人性中的道德观念，毕竟比那些朝三暮四的爱情要高尚的多，但绝不是要人们都做一个爱情至高无上的论者。爱情是个奇妙的领域，因为，它有一段时间是属于激情的，对于现在的年轻少女来说，激情让她们认为爱情是两个人之间的事情，哪怕全世界都反对也要死守在一起，婚姻可以不要，爱情却是至死都要追求的。可是，激情毕竟是短暂的，它可以维持一天、一个月，甚至一年、两年，可它总有退潮的时候，过后还要面对平淡的生活，甚至你会发现曾经的爱情如此千疮百孔，那个时候该怎么办呢？

真正成熟的爱情不是独立的，它和亲情、友情、事业、生活有着非常密切的关系，因为在人生的道路上，人们终究不是孤立存在的。人生的道路上，爱情不是事业，也不是工作，更不是生活，它只是人生的一个里程碑而已。那种要死要活撕心裂肺的爱，已经跟不上时代的潮流了。但愿天下的少女都能在爱情的道路上把握好尺度，不要做一个爱情至高无上者，爱情，永远不只是属于两个人。

7. 失恋不是世界末日

所谓失恋就是指一个痴情人被其恋爱对象抛弃了。确切地说，失恋就是失去恋人或美好的恋情。这种现象通常发生在那些曾经获得过某种程度、某种性质的"爱"，并为此做出过真心的承诺或较大的物质和精神投入的男女。他们在出乎意料的情况下不情愿地与恋人分手，因此，内心有一种说不出的失落感，严重的甚至痛不欲生。

从心理学上来分析，初恋少女的内心往往是迫切而强烈的，这种未完成的"爱"像春雪般柔和，如甘露滋润过饥渴的心，刻骨铭心的留在恋人的记忆里，令人回味无穷。初恋虽然是幼稚无结果的，但它毕竟是两性之间的第一次纯真体验，这也许是不可多得的心理财富吧，然而，少女失恋并不是意味着世界末日的到来，因为，少女以后的路还很长，在以后的路上还会有更好的人在等待着自己。

著名的文学家罗曼在年轻的时候爱上一个叫索菲亚的俏丽姑娘。他们俩经常在一起谈论文学、探讨人生，双方很有共同语言。有一天，他们并肩漫步在公园的林间小道上。此时的罗曼无法控制自己的感情，于是，把心中的秘密向索菲亚吐露出来了，还深深地向索菲亚表示了爱恋之情。但令罗曼出乎意料的是遭到了她的婉言拒绝。这个打击使罗曼觉得有五雷轰顶的感觉，为此，他深深地陷入了失恋的痛苦之中。他一连几天都彻夜难眠。失恋的痛苦，使他不知道自己该怎么办。在巨大的精神挣扎中他反复这样问自己，"我不能因此而沉沦下去，我是一位有梦想、有抱负的青年。"通过痛苦的深思熟虑后，他想出了一个摆脱失恋的最好办法就是学习和创作。就这样罗曼·罗兰为人类创造了杰出的精神财富，正是因为他正确地处理失恋的问题，所以，他把"坏事"变成了"好事"，在事业上取得了一番成就。

一般失恋所引起的情绪反应是痛苦与烦恼，大多数失恋的少女都能正确的对待这种恋爱受挫现象，并能愉快地面对新的生活。然而，有一些失恋少女不能及时的排除这种强烈的失控情绪。最终导致心理失衡，性格异常，具体的少女失恋心态有以下几种：

1. 仍然一前往情深地爱着抛弃自己的那个人，对已逝去的爱情充满了回忆和幻想，这种自欺欺人的失恋少女，否认了失恋的存在，整天陷入单相思的泥潭中，还有人会出现既爱又恨的特殊感情矛盾而无法自拔。

2. 有的少女因失恋而痛不欲生、绝望、暴怒、失去理智，甚至产生报复心理来攻击对方或者自残；从此厌恶所有的男性，看什么都不顺眼，这种类型的少女玩世不恭，她们在生活中寻求刺激来发泄心中的不满。

3. 有的少女失恋后羞愧难当，深深地陷入了自卑与迷惘之中，从此心灰意冷，对美好的生活感到绝望，严重的甚至有轻生的念头，最终成为爱情殉葬品。

众人皆知，失恋是最尴尬的事。情场的分手，一个被抛弃的人最难处理的一件事就是不知道如何与别人解释被抛弃的原因。在心理学上，很多少女对自己的失恋感到非常苦恼。主要原因是由于父母的反对，但分手以后还是藕断丝连，这种"剪不断，理还乱"的心理，使他们日夜牵挂着对方；有的少女失恋以后，从此一蹶不振，觉得自己的前途灰蒙蒙的，对眼前的所有事都不感兴趣，整天也提不起精神，情绪悲观消极到极点；还有的少女因此而堕落，最后走上种种犯罪的道路。那么，少女失恋后应该怎么办呢？

1. 少女"失恋"后，要主动向家人、朋友倾诉心中的烦恼，然后，听取他们的劝告和安慰，尽快平息自己内心的不安和烦闷，避免出现不利的后果。

2. 移情别恋。现实生活中，还是平凡的人居多，失恋后的每个少女都不像罗曼·罗兰那样幸运，通过创作来获取成功。少女们失恋以后不一定就能像罗曼那样成为一个大文学家，来驱除失恋带来的痛苦。但少女可以通过移情别恋法来摆脱失恋的痛苦。在这种情况下的少女

最实在的办法就是结交异性朋友，寻找一个适合自己的红颜知己。因为感情这东西即复杂又微妙，要想在短时间内忘掉以前的恋人，并不是一件容易的事情。所以，少女只有寻找到新的知己后，才能够慢慢地抚平受伤的心灵，然后，重新振作起来。但是，前提是不要陷的太深，不然会适得其反。

3. 失恋不是失去品德。有些少女对此不能正确的认识，认为失恋是一件非常丢人的事情，觉得脸上无光，因此而羞辱得无地自容，从而产生了自卑心理。由于失恋使心理感到不平衡，于是便生出杀机，抱着"你不让我好好过，我也不让你好好过"的心理报复对方，失恋后具有这种心理的少女非常多。这种现象是不道德的行为，这不但对自己不利对别人也是一种伤害。失恋以后的少女应该报着一种"你抛弃了我，就是你的损失。"的心理，这样一来就会感到那人真是太愚蠢了，慢慢的也就从失恋的痛苦中走出来。所以，失恋以后要正确的面对失恋这个现实，正确的面对失恋才是不失德的表现，如果双方之间真的没有了爱，那就应该友好地分手，并说声再见。

4. 正确地面对失恋。失恋后不要消沉，也不要有报复的想法，那是最没出息、最不文明的做法。少女要化痛苦为力量，让自己重新站起来寻找幸福的起点。

5. 对于那些失恋了，依然对恋人着魔的少女，是无法摆脱恋人的影子，甚至发展到对其他异性完全失去了兴趣，或者因失恋的痛苦而引发一些心理疾病，具有这种情况的少女建议去看心理医生，并根据自己的情况采取应对措施。

爱情是每位少女所渴望的，但是，在这个世界上没有绝对顺利的爱情。所以，少女失恋以后，要再度审视爱情在人生中的价值与地位，不要为了爱情而放弃了人生。

列宁斯基曾说"如果我们生活的全部目的仅仅在于我们个人的幸

福，而我们个人幸福又仅仅在于爱情，那么，生活就会变成一个充满荒唐、枯燥无味的阴暗荒原，最终，炼成一座可怕的地狱。"失恋的少女应该从这些哲学的箴言中受到启发，抛开那些恋爱至高无上的观点。让自己重新得到更新与升华，用积极向上的态度赶走失恋的痛苦。

8. 自恋是精彩还是无奈

很多人以为自恋是拼死都要把最好的抢给自己的自私，什么事都非得出风头的自傲和不食人间烟火的自居。其实它是一种顽症，潜藏在阴暗的角落，操纵着自己的情感。自恋久而久之就变成一种习惯，与别人保持距离是一个习惯；既然得不到，就不要了是一种习惯；只会爱自己，永远无法天长地久，负责任地爱别人等都是自恋习惯的一种。

青少年为什么总有自恋情结呢？

在心理学上，自恋是一种补偿心理的外在表现。阿德勒认为：人对某种缺陷的补偿是自卑的重要内容和表现。弗洛伊德认为：艺术家无一例外的都是自恋倾向者，也就是说是一些发育不全的、具有童年和自恋品质的人。荣格也说过：创造力像这样汲取一个人的全部冲动，以致一个人的自我为了维持生命的火花不被全部耗尽，就不得不形成各种各样的不良品行——残忍、自私和虚荣（即所谓"自恋"）——甚至于各种罪恶。

妈妈常说，四岁的时候女孩就经常会在窗台上放一面镜子，在阳光下优雅的梳自己的小辫；妈妈说，女孩的头发又稀少又黄，但总能被打理得一丝不乱；妈妈还说，那时的女孩就总是对着镜子端详着自己的眉眼，还会偷偷地对着镜子笑。妈妈说这些时，多少带着些夸耀和自豪，夸自己的女儿从小就聪明能干，也为自己能生出这样玲珑的女儿而自豪，可她全然不顾旁边的女孩早已是面红耳赤，有一种隐私被人察觉的无地自容。

每个人都有一种喜新厌旧的情结，但这种情结如果放在男孩女孩之间，大多会发生在男孩这一方。这就是说，女孩无论如何苦心经营自己的爱情，结果总会像吹起的肥皂泡，令你提心吊胆……固然，自强自信的女孩不少，自珍自爱的女孩很多，但是，自轻自贱、自暴自弃、自艾自怜、自卑自恋的女孩也大有人在。这也是孩子形成自恋情结的一方面。

不管追求时尚的女孩是依靠父母还是依靠自己的努力，可是在经济方面她们有想对的独立，也就是说，她们有了最基本的经济基础作为追求时尚的前提。但此时的女孩，在其内心深处或许会显得更为复杂和微妙。她们以为高品位就意味着高消费、美丽就等于打扮时髦、地位的高贵就表现在穿着的高贵、这就促使她们的虚荣心膨胀，遇到羡慕的眼光就掩饰不住内心的满足，得到赞美的言辞就按捺不住内心的狂喜，听到逆耳的话语就控制不住要歇斯底里……甜蜜的爱情如果在这个时候面临瓦解，而又不知该如何解决，在这个时候女孩就很有可能郁结一种情绪，就是自恋情结。

无意识的存在是自恋情结最可怕的地方，使其患者产生一种自怜的心态，而且会不断的延伸，在男孩和女孩身上都有着不同程度的表现。从行为学的角度看，女孩的自恋情结要比男孩突出得多。导致这种结果的原因，主要是在异性吸引的自然过程中，女孩出现了自身的变异和非自然的因素。

自恋似乎是女孩与生俱来的，在这方面男孩一般没女孩明显，特别是漂亮的女孩，从她们的脸上就可以看得出来。无论在何时何地，她们总是认为自己是别人注意力中最醒目的东西，就像狗眼中的骨头，手纸眼中的卫生巾一样，她觉得周围所有男孩投来的目光都是心神荡漾的，所有女孩瞥来的眼神都是咬牙切齿的，这种情况非常满足她们的虚荣心，从而更增加女孩的自恋心理。

自恋是每个人都有的心理，当然男孩也不可避免，他们总是自认有经天纬地之才，移山填海之志，尽管有时在上司和同事眼里他们只不过是狗屎一堆，连踩都怕脏了脚。但自恋心理却可以助他们一往无前，不管遇到多么大的困难，都可以坚强的走到成功的彼岸。

自恋其实是自我安慰的另一种形式。任性的内心总附有阿Q灵魂，其实精神胜利在现实看来是多么的可笑。父母要多关心一下自己的孩子，消除他们感到自己是没人关心的这种心境。

自恋其实是逃避，只关注自己的感情，不想去争夺，尽可能不接触外面的世界。是不想吗？其实是自己做不到，面对世界的残酷自己是那么的力不从心。没有办法了，于是自恋成了自怜。从这点来看父母要鼓励孩子多多参加各种各样的活动，比如社交、亲子等活动，从而改变孩子那种不想接触外面世界的想法。

自恋其实是懦弱，是啊，最根本的就是自己懦弱。当失去某些东西的时候，自己能保持异常的冷静，是冷静吗？其实是冷漠，自己知道既然不可能永远地拥有，于是早已经习惯失去，既然已经抓不住了，还能在乎什么呢？

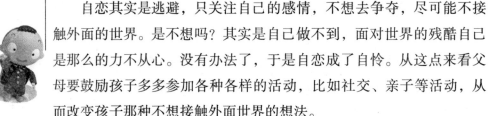

9. 爱情退化，友谊还长存吗

爱情退化了，友谊是不是能够长存呢？其实，人生真的有很多无奈，很多事情总是不随着我们的意志而发展的。常听到很多曾经的恋人在分手的时候说：希望以后我们可以做好朋友。可是，真正能够做到的又有几个人？为了爱情可以不惜一切代价的少女是否可以坦然接受昔日的恋人成为自己的朋友呢？

两个人相爱是幸福的，但绝不是空虚的，相爱是浪漫温馨的，但也是需要面对现实的。当两个人之间的爱情不复存在，那么，爱就是自私的。不再相爱的两个人是不是能够淡然地面对成为朋友呢？友谊是无私的，是纯洁的，从自私到无私，可能性大吗？有多少人可以从爱情的角色转变为友谊的角色？

有人说过，分手后的恋人是不可能成为朋友的，除非他们以前爱得不够彻底，或者说没有真正的相爱，也可能是其中一个人在默默地牺牲。毕竟曾经刻骨铭心地爱过、付出过，相爱的过程就像是拔河，如果其中的一个人突然放手，那么，另一个人一定会重重地摔在地下。带着伤痕累累的人能够抚平自己的伤口与他交朋友吗？既然曾经如此相爱都不能长久，又怎能叫人相信两个人的友情能够长久呢？所以，尽管很多分手时的恋人都声明以后是朋友，可大多数还是从此陌路，你开心你痛苦都与我无关，两人互不接触，倒也省去不少麻烦。

林爽和周晴曾经是令人羡慕的一对情侣，可谓是郎才女貌，大家都认为他们是天造地设的一对，他们也都把对方当成自己的另一半。可是，这段感情最终没有经得起岁月的考验，随着时光的流逝，两个人最初的激情都已不复存在，林爽不再想方设法地讨周晴的欢心，而周晴也不再对林爽关心备至。他们都觉得他们之间少了一些什么，不再有共同的话题，不再珍惜在一起的时光，不再时时刻刻地为对方着想。最终，周晴提出了分手，林爽也同意了，他们都不想还没有结婚的日子就过得像白开水。分手那天，没有彻筋彻骨的伤心，两人都很平静，并说好了以后是好朋友。可是，他们也都发现，他们根本无法和其他人一样成为普通朋友，过去的点点滴滴都是阻止他们做朋友的障碍，说话时总是像隔着一层玻璃，看得见对方却始终摸不到对方，最终，两个人的距离越来越远，直到形同陌路。这时他们才明白：原来分手后，友谊是很难长存的。

115

　　很多天真的小女生会认为，爱情和友情根本就是两回事，为什么分手后不能继续做朋友呢？做不成恋人，又做不了朋友，那我们之间做什么？所以，她们在分手时说：其实我还是很在意你的，让我们做朋友吧。这个实在是一个很奢侈的想法，原因就是这个女孩太无知了，或者太认真了，因为几乎没有人可以真正地拥有这种洒脱，分手后的恋人大概只有一种可能：最熟悉的陌生人。曾经那一段有缘无分的感情注定了你们不能成为朋友，这实在是一件很难做到的事情。因为，恋人和朋友之间的距离往往很难把握，做恋人时你侬我侬，言语处处也都尽显暧昧，而做朋友就需要保持距离，毕竟双方都可能会再寻找自己的另一份爱情，两者总是无法两全。分手后能够收获友情的大概更多地见于电视和小说中。

　　有谁真正了解，爱与恨的距离究竟有多远？变心了就是变心了，分手已经成了事实，痛苦在所难免，爱情自始至终都是最伤人的。曾经的海誓山盟，曾经的甜言蜜语，都已经消失在岁月的年轮中，曾经的恋人如今天涯咫尺，友谊，真的可以做到无关风月吗？两个人继续所谓的友情会不会很可悲、很无奈？又会不会因为现在的友谊影响到彼此现在所拥有的爱情？也许分手后说可以做朋友的人是发自内心真诚的想法，但现实却往往不能满足。因为，分手后做朋友需要面对很多问题，没有谁可以看见昔日的恋人将他现在的爱情摆在面前而无动于衷，没有人可以忍受曾经的最爱如今拉着另外一个人的手卿卿我我，还满脸笑容地说：恭喜你，又找到了一份真爱。无论如何，心里是不会好受的，哪怕你是真的已经不爱他了，人的心理有时候是很难捉摸的，连自己都说不清楚。

　　若没有失恋的痛苦，也就不能衬托出热恋时的甜蜜，理论上来讲，没有了爱情，能够收获友情也是一种不错的结果，而且，这样似乎也能让对方的内疚减轻一点。只是从友情变为爱情会很坚固，但从爱情变为友谊却不见得如此，这样的友情似乎不堪一击，因为，当初两个人的交往是带有某种目的性的，因为这个目的，双方都很努力地试着进入对方的心灵，目的不存在了，一切都变淡了，不是没有道理的。

既然分手已成事实，往事覆水难收，曾经最爱的人已不再属于自己，那么，不妨给自己也给对方一点时间和空间，慢慢地忘记那些美好的记忆，珍藏岁月的痕迹。其实，很多有过失恋经历的人都应该明白，无论如何两个人都不可能成为普通朋友，因为爱过，因为恨过，便注定了关系非同一般。既然心中已经有伤，那就不要再让自己受到无谓的刺激，换一种牵手的方式不见得会过得更好。那么，就让彼此沉淀在对方的心底，忘了或许更好。

当然，可能真的有分手后成为朋友的例子，如果两个人都没有足够豁达的胸襟，还是不要轻易尝试，人生的无奈太多了，不如顺其自然。

10. 怎样和异性交往

众所周知，异性交往是人们生活中必不可少的成长历程。因此，青春期的少女正处于身心不断发展的阶段，此时，她们迫切地渴望与异性交往，其实，这是一种正常的心理现象，况且，正常的异性交往，不仅有助于少男少女们相互学习、取长补短，还有利于她们的身心健康和人格发展，为她们成年以后的生活奠定了坚实的基础。

对于少女来说，异性之间的交往非常重要。目前，限制少女与异性交往到底是好事还是坏事。据心理学家研究表明：少男少女之间交往不仅是正常的，而且，是日常生活中必须的，这有助于他们的身心健康成长。

少女无论在家里、学校或是社会同样都会存在着各种各样的人际交往。这种广泛的交往范围，既有同性知己，又有异性朋友，然而，这种类型的人比那些少交朋友或只有同性朋友的人在个性发展方面更完善，思维情感更丰富，自我控制能力更强，而且，还具有较高的心理健康水平，容易养成积极乐观、慷慨大方的性格。异性交往不仅影响着少女心理及个性的形成与发展，还直接影响着少女今后成长的道路。

随着少女的心理及生理逐步走向成熟，独立自主的意识日益增强，但由于生理和心理发展还不够成熟，容易使少女在交往中产生各种矛盾、困惑或茫然。众说纷纭，从少女发展的眼光来看，她们与异性交往是很正常的事情。然而，这种行为在某些人看来影响不太好，有些家长和老师发现少女与异交往，或者是与异性的关系稍微密切，就认为大事不妙，甚至干涉他们的交往，严重的就用粗暴的态度来惩罚他们，可结果往往却适得其反。

其实，少女与异性正常交往，能促进她们良好的健康成长。同时，她们与异性交往的过程中，时常会发现某些言谈举止是同伴喜欢的，并把它作为一种奖励，对这些行为起到了正面的强化作用，从而提高自身的演说能力。相反，若是某些言谈举止不能被异性所接受，这样他们就会有效地控制这些不良行为的再度出现。在与异性的交往中，少女还会从中积累了一些生活的经验，总结一些社交技巧，不但学会了在日常生活所必需的知识、技能和态度；还意识到了自我存在的价值，学会把握与人们平等相处和竞争，从而，为今后立足于社会奠定了良好的基础。这些都是少女在异性交往中不可替代的良好作用。

据心理学家调查，在那些成功人士的成长经历中发现，青春时期广泛交友，不但能促进性格开朗、活泼，而且，有积极进取、乐观向上的心态，还具有很强的自制力，情绪也相当稳定。因此，青春期的少女与异性交往不仅可以使男生与女生之间性格上的互补，还有助于他们健康的成长。

少女在与异性交往时应注意以下误区：

1. 有些少女在与异性交往时，总是喜欢把自己的缺点和内心的需求掩盖起来，这一点在别人看来，你们之间好像有一道屏障在隔着，导致你们之间无法正常的交往和沟通。

2. 在现实生活中，有些少女缺乏正确的自我认识，总是太低的评价自己，觉得自己各方面都不如别人，从而产生自卑、孤僻的性格，最终，因为心理在作怪，不敢于异性正常交往。

3. 有的少女在与别人交往时没有宽敞的胸怀，稍有一点不顺利就要公主脾气，而且，在交往中目中无人，从不尊重别人的价值和人格，并轻视别人的处境和利益。

少女时期正是走向成熟时期的重要阶段，又是学习文化知识、增长才能的黄金时期。此时，如何正确地处理与异性交往的关系呢?

1. 不要过分的拘谨

现在是信息开放的年代，人们的思想观念也跟随着改变了，开放式的人际交往是生活中的主要旋律，因此，少女与异性交往的过程中，不要受封建观念的限制，正确、大方地与异性交往，同时，要注意消除与异性交往中的不自然，从心理上，对待异性交往应该像对待同性那样。说自己该说的，做自己该做的。

2. 树立良好的印象

丰富多彩的人际关系是每一个人的正常需求。所以，少女在异性交往时一定要积极主动，不要用消极的退缩方式。如果你想赢得良好的友谊，就必须主动交往。

3. 把握交往的分寸

在交往时要尽量避免男女同学单个接近，在谈话时要做到适度分寸、落落大方、诚恳。

4. 要端正自己态度

培养正确的交往意识，尽量淡化对方性别的差异，要保持纯洁的思想，交往时慷慨大方。

5. 要有礼貌

少女在异性交往时要注意团结友爱、彬彬有礼、和蔼可亲、互相关心、互相爱护、还要注意最好不要开过头的玩笑。总之，举止要端庄稳重，言谈文雅高洁。否则会引起大家的不愉快。

6. 提倡集体交往

少女在集体中与异性交往，不仅父母放心，老师也支持。这种交往方式是多种多样的，如参加一兴趣小组、篮球小组、学习小组等。你们可以在其共同学习、共同进步。

7. 相互尊重，取长补短

要把与异性交往的目的看为提高自我、完善自我的一方面。因为，性别的差异，使少男少女在性格和气质都各不相同，如男生的刚强、勇敢、独立、果断。女生的温柔、细致、耐心等都是值得双方相互学习的。另外，在异性交往中要注意相互尊重，用平和态度对待每一个人，这样才能得到别人的尊重，才能结交更多的朋友。

总之，少女在与异性交往时必须要认清自我，无论与任何人交往都要做到慷慨大方、不亢不卑，要以一颗纯真的心与别人交往。这样你就会获得更多的尊敬和友谊。

11. 把友谊转化为爱情

爱情和友情恐怕是男女之间最捉摸不定的感情了，有人说男女之间不可能有真正纯洁的友情，也就说明友情中间夹杂着其他成分，这种成分说不清道不明，所以，一不小心就可能把握不住尺度，因此，就有可能在友谊之树上开出了爱情之花。

对于经验和阅历都较少的少女来说更是如此，不过她们有些人可以坦然接受并和对方顺利发展，也有很多人对突如其来的变化不能接受，这样不仅做不了恋人，还可能导致最初的朋友关系也会因此越来越生疏。那么，少女究竟该用什么的心态来面对"友谊转化为爱情"这样的场面呢？

有些女孩子认为，朋友是不能发展为恋人的，也许她们渴望的是一见钟情，而朋友之间因为相互了解，便会少了许多的新鲜感，没有想象中的浪漫和刺激，不够有心跳的感觉。或者她们只是把对方当朋友，根本没有想过要发展爱情，而一旦友情挑开了那层纸却又得不到爱情，友情也随着变淡。最后，不管双方如何努力，都难以找回以前的感觉，不知道是心理问题还是空间问题，总觉得两人之间隔着一层东西，让你见到他就浑身不自在。所以，有人说，爱情是友情的第三者。这类少女把友情看得很重，她们怕失去朋友所以才不希望把朋友成为恋人。

她和他是高二时认识的，他那时刚从别的学校转过来，班主任把他安排在了她的座位后。可能是刚到一个陌生的环境的缘故，他不怎么说话，总是静静地坐在那里看书。渐渐地，他便和班里的同学打成一片，原来他是一个很活泼开朗的男孩子，而且，他的数理化学得特别棒，每次测验他的成绩都是数一数二。数理化却刚好是让她头疼的科目，无论她怎样下苦功，成绩都不见起色。于是每次有了不会的题目，她便自然就想到了他，他也很热心，每次都细心地为她讲解，直到她弄懂为止。

相互之间熟悉了，聊的话题也就多了，他们常说一些自己生活上的事和各自的家庭。突然有一天，她发觉他看她的眼神很深邃，里面有无限的用意，她马上意识到问题的所在了，与此同时，班里也开始

121

了关于他们的流言蜚语，于是她有意无意地开始疏远他，有了难题也不再去找他，他似乎也察觉出了。终于，她最害怕的事情还是发生了，她在语文课本中发现一个浅粉色的信笺，是他的字迹。她忐忑不安地打开它，只有四个字：我喜欢你！这简单的四个字，却如同一个炸弹在她脑子里炸开了，她慌乱地收起来，不知道该怎么办。她是拿他当朋友的，况且，现在她除了学习不想想别的事情。自此，她更加不敢正视他，话也不多说一句，见了面就感到特别尴尬，手足无措，他也一样，再也找不回以前在一起谈天说地的感觉了，她也很想继续和他做朋友，可是无论她如何努力都弥补不了他们之间已经出现的那一道鸿沟。难道恋人做不成了，就连朋友都做不成了吗？

这个事例，应该是很多人都曾经有过的经历，爱情、友情都没有得到。人类真的是一种很奇怪的动物，人与人之间的关系总是那么微妙，大家会以为地给这种关系加上一个名词：缘分。其实，这个名词本身的意义究竟是什么，大概没有人可以说得清。每一件事情发展到一定的地步都有它的道理，不是一个人可以控制的。很多少女都认同这样一句话：当你发现自己喜欢上身边的朋友时，一定要马上退出。也许有的人只适合做朋友，倒不是因为他多么地重情重义，而是爱情于他不合适。一旦喜欢上了，恐怕自己也无能为力。感情是很难说的，如果你没有把握对方会接受你的感情，或者不能保证一旦你们成不了情侣，友谊还能长存，那最好不要轻易说出口。

还有些女孩子会比较相信自己的感觉，认为从朋友变为恋人没有什么不好的，在熟悉的人之间会有更多的话题，在相互了解的过程中对你产生好感也是自然而然的事情，再进一步发展爱情，也是顺理成章的事，因为彼此的了解所以相处得很融洽。这种感情无疑是皆大欢喜，没有太多的后顾之忧，双方也都会十分珍惜这段感情。这类女孩子看重的是对方对自己有多好，而不是对方自身条件有多好，只要彼此真心真意相互喜欢，在一起的时候感到很快乐，这就够了。毕竟真爱是很难得的，只要两心相悦，没有什么是不可以的。所以，她们认为，成为恋人之前，应该先是朋友关系，从朋友再到恋人，然而，这是个很大角色的转变。

当然，并不是所有的友情都不能发展为爱情。下面就是一个有着圆满结局的故事：她和他刚开始是无所不谈的好朋友，常常在一起打打闹闹，一起逃课去逛街，一起跑到山上去野餐，他们甚至认为对方是自己一辈子的好朋友。不过到了后来，她发现他虽然长得谈不上帅，可是风趣幽默，经常逗得她哈哈大笑，才华横溢的他，已经在报刊上发表过好多作品，他也发现，她虽然长得不够漂亮，可是活泼开朗，浑身上下充满了青春活力，善解人意，总能在他最失意的时候给他关怀。于是两颗年轻的心就因此靠近了，贴在一起了。由朋友发展成为恋人，他们并没有觉得有任何不妥，相反，两个人都觉得比以前更开心了，日子过得更有滋味了。因为太熟悉了，使他们总能猜到对方的心事，又总是能在对方开口之前便知道对方想要什么，每当这个时候，他们便会彼此会心一笑。大学毕业后，他们各自有了满意的工作，两年后便步入了婚姻的殿堂，婚礼上两个人脸上一直洋溢着幸福的微笑。

这样的结尾想必是很多人都想要的结果，所以，有的少女认为，友情是可以升华的，朋友自然也可以成为恋人，当然，前提条件是两个人都彼此喜欢对方。也许人的一辈子只有一次真爱，什么朋友，恋人，只要跟着自己的感觉走就好了，关键是彼此有感觉。如果一直局限在各种条条框框内，就可能错失一辈子的好姻缘，那岂不是太可惜了。

第二节　爱情测试　慧眼识心

1. 你的吸引力有多大

1. 若朋友约你一块跑步. 但他突然有一些事情得处理一小会儿. 结果你会?

　　a. 不等他跑自己的→→前往 *2*

　　b. 等他一起慢慢跑→→前往 *3*

2. 你暗恋你你学校的一个老师. 他邮了张贺卡给你. 并且表示改天见个面吧！你会……?

　　a. 当然是答应见面啰→→前往 *6*

　　b. 心理有点怕怕的不敢去→→前往 *3*

3. 如果朋友想为你介绍男友. 你会怎么做?

　　a. 试着跟对方交往看看→→前往 *7*

　　b. 因为还不熟悉. 所以先向朋友询问对方底细→→前往 *5*

4. 你觉得自己的气氛感染力有多大范围?

　　a. 不超过半径 *1* 公尺→→前往 *10*

　　b. 半径 *1* 公尺以上→→前往 *8*

5. 你比较讨厌跟哪一种人去看电影?

　　a. 马上就睡着的人→→前往 *7*

　　b. 看到一半不断讲话的人→→前往 *4*

6. 打开哥哥的抽屉. 不小心翻到一本 A 书. 你会怎么做?

　　a. 偷偷把 A 书藏到别的地方去→→前往 *12*

b. 马上跑去跟妈妈告状→→前往 7

7. 你要转 W 时. 同学一起写了一张卡片给你. 你会……

a. 看完就丢掉→→前往 11

b. 永远珍惜保存→→前往 9

8. 你们举行团队比赛. 对你来说什么才是最重要的?

a. 自己所属队伍的胜利→→RED

b. 自己有没有失误→→前往 10

9. 朋友的奶奶送了你一件衣服. 但是你不喜欢. 你会穿吗?

a. 路上被人看到会很丢脸. 所以不穿→→前往 12

b. 既然是奶奶的好意. 姑且忍耐一下吧→→GREEN

10. 幸好有你帮忙!! 听到有人对你这么说就会觉得是自己的损失

a. YES→→前往 13

b. NO→→ORANGE

11. 你和男朋友约会. 但朋友的穿着看起来却粉俗又有些好笑.
此时你会……?

a. 想接受他的穿着. 却又有点受不了→→前往 13

b. 直接带他到服饰店. 说我刚好想送你衣服当礼物→→LIME

12. 跟朋友喜欢上同一个男生. 什么样的情况下你会选择退让?

a. 他已经知道你的心意时→→VIOLET

b. 知道朋友比你喜欢他的时候→→BLUE

13. 当你讨厌的人遭遇不幸时. 你会……

a. 感觉非常痛快→→YELLOW

b. 觉得很恐怖→→PINK

测试结果

A、RED——红色

这种颜色的魅力：红色是属于暖色系, 视觉效果最强, 而且还代表了热情如火。鲜血一般的红色，可以让对方心跳加速，因为荷尔蒙分泌增加而兴奋起来。此外，红色还可以让人发会精力，产生努力的心情。这颜色的缺点：付出完全的努力，结果却不尽理想时，就会衍生沮丧的情绪。

B、ORANGE——橘色

这种颜色的魅力：听说在不景气的时候，橘色的商品就会卖得特别好。这是为什么呢？因为橘色可以带来正面、光明的感觉，让人充分释放心中能量。橘色给人温暖的感受。跟女生比起来，更受男生欢迎喔！这种颜色的缺点：开朗固然是魅力来源，但露出欧巴桑式的开朗笑容也是不行！

C、PINK——粉红色

这种颜色的魅力：粉红色总给人春天……桃花……粉嫩……幸福等印象，而且还会联想到甜甜的香气。不论是谁都会喜欢瞬间展现的笑容，最能释放你所拥有的魅力。从今天开始，都以甜美的微笑面对别人吧！这种颜色的缺点：冷淡的表情或态度，容易把你给人的可爱感觉直接抹灭消失。

D、YELLOW——黄色

这种颜色的魅力：黄色代表着阳光般的希望，以及大自然的恩惠、天然之美、希望之光等。对你来说，天生就拥有某种吸引人的魅力，即使你只是随便说几句话，周围的人也会觉得超级好笑，有趣至极呢!!这种颜色的缺点：若说出口的话事先在心中计算过，就会给人不够真的感觉。

E、LIME——莱姆色

这种颜色的魅力：莱姆色就是一种新绿的颜色，代表了新鲜纯真的感觉。这就表示，只要坦率表现出自己的心情，就可以完成散发你所拥有的魅力。不论是快乐、悲伤、兴奋或沮丧，都不加掩饰地面对吧!!这种颜色的缺点：老在那儿犹豫不觉可是不行的嗄!!此外紧张感也是非常重要。

F、GREEN——绿色

这种颜色的魅力：绿色具有安抚人心的效果，同时还是最自然的色彩。有人说光是看着绿色，就可以释放心中累积的压力。因此你的魅力所在，就是主动关心别人，照顾别人。此外你还非常适合当和事佬喔!!这种颜色的缺点：随着对象不同而改变自己的说话方式，太滑头可是不行的呦!!

G、BLUE——蓝色

这种颜色的魅力：提到蓝色，就会让人联想到天空、大海以及地球。虽然蓝色是天天都看得到的色彩，却可以带给人们平稳的感受。基本上你适合走成熟路线，不论是穿着或彩妆，成熟风都可吸引别人。这种颜色的缺点：不太会撒娇，尤其是在异性面前，与其不会硬做不如自然点。

H、VIOLET——紫罗兰色

这个颜色的魅力：紫罗兰的颜色代表高雅神圣，但另一方面，他也有情绪不稳定的象征。紫色是一种具有魔力的色彩，因此当你表现出强势的一面时，男生反而会觉得你好有魅力。因此而被深深地吸引。这种颜色的缺点：即使表现坚强态度，也是要看场合正不正确，千万别太白目。

2. 你有没有早恋倾向

早恋是我们青少年比较敏感的话题，也许你现在还没有，那想要测试一下你是否有所倾向呢？专家为你提供几个很有代表性的问题，请你如实回答。

1. 是不是突然之间比较注重自己的仪容仪表？

2. 是不是经常拿着镜子照呢？

3. 近来有没有总想着买新衣服？

4. 学习成绩是否一落千丈呢？

5. 现在看书是否常常心不在焉？

6. 爱说爱笑的你是否变得沉默了？

7. 近来是否没有缘由地疏远家人？

8. 近来是否经常找借口出去？

9. 是不是发现自己现在喜欢对别人撒谎了？

10. 现在回到家里后，你是否喜欢一个人待在房间里？

11. 会不会有这种感觉：明而兴奋，时而忧郁，时而焦躁不安。

12. 是不是开始对言情书刊感兴趣了？

13. 近来是否喜欢看爱情片了？

14. 是否开始喜欢打听男女之间的事情？

15. 你是否偷偷写日记，看到家长就立刻藏起来？

16. 你是否对某个异性的名字非常敏感？

17. 是否经常有异性给你打电话？

18. 你是否经常收到一些不知谁送的小礼物？

19. 你是否偷偷买些小礼物送给异性朋友？

20. 你是否无意间谈起溜冰场、电影院、公园等一些场所？

评分标准：

选"是"计 1 分．选"否"计 0 分．最后计算总分。

测试结果：

0—7 分：你丝毫没有早恋倾向。

7—14 分：你虽然没有谈恋爱，但早已有早恋倾向了。

15—20 分：说明你已经恋爱了。

3. 想想你是否进入了初恋

如果你想印证一下自己是否已有初恋征兆而又不自知，请你看看下面这 15 条中，哪些能找到你的影子——

1、你是不是常因脑海中浮现出他的形象而走神儿？

2、当你的同性对他有亲近的表示时，你是不是产生一种妒意？

3、你是不是比以往更爱打扮自己？

4、你是不是比以往更爱看言情小说？

5、你是不是在某个异性面前特别爱显示自己，总想引起对方的注意？

6、你是不是对某个异性的家庭、学习、生活习惯以及同别的女孩子交往特别关注，在一起时总是情不自禁地瞅他，对他的每一微小变化都能注意到，并且特别敏感？

7、你是否有梦见和他单独在一起的时候？

8、和他单独在一起，你是不是异常话多或话少，并时常感到害羞和不自然？

9、你是不是非常想得到他送给你的手帕、贺年卡、纪念卡或别的什么小礼品，并把这种礼品视若珍宝？

10、你是不是总要找些借口愿意和他单独在一起，并故意献些小殷勤？

11、你是不是专注于他而又躲开别的男孩，并经常写纸条与他单独约会？

12、当别人批评他时，你是不是对她们的批评产生反感情绪？

13、你是不是为了同他约会而当着家长，甚至要好的朋友的面说谎话？

14、他对你的态度如何，你是不是长期特别敏感？

15、他虽然有缺点，但在你心中却并不认为是缺点，认为这些都是可以原谅的。

洋洋15条之多，如果觉得对、很符合你的表现，那么小心，你可能已在尝试初恋。我劝你，还是要到此为止的好，不过我知道，说了也是白说，想"跳水"的照跳，不过你可得小心点为好啊！

4. 你是否有自恋情结

很多同学都会有自己倾慕的对象，但由于不敢说，就一直暗恋着，他们怕对方看不上自己，怕对方不同意。而有些同学又太过的自恋，觉得自己很潇洒，对方一定会喜欢的。来玩个小游戏吧！测试一下你是否有自恋情结。

1. 当你在路上走的时候，突然看到一个镜子，你会……

会→→前往2

不会→→前往5

2. 和朋友一起去吃饭，坚持各付各的。

是→→前往6

不是→→前往3

3. 你觉得要是和老外交谈，能谈的愉快吗？

有→→前往8

没有→→前往7

4. 你很在意别人看你的眼光？

在意→→前往A

不在意→→前往B

5. 你常常出国去？

常常→→前往 *9*

不常→→前往 *12*

6. 用三根火柴做出一个图案．你会选哪一个？

A． 三根平行排列（类似文子的"三"）→→前往 *10*

B． 本根交叉排列（类似数学符号的不等于）→→前往 *3*

7. 照集体照的时候，你一般会站在哪里？

中间→→前往 *15*

两边→→前往 *8*

8. 你喜欢在很多人面前说话吗？

喜欢→→前往 *4*

不喜欢→→前往 *11*

9. 用动物来形容自己，你会选？

山猪→→前往 *13*

小绵羊→→前往 *6*

10. 你喜欢逛热闹的街市吗？

喜欢→→前往 *7*

不喜欢→→前往 *15*

11. 当别人说你的观点错误时，你还会坚持吗？

坚持→→前往 B

不坚持→→前往 C

12. 常被人说你的姿势很优雅？

是→→前往 *9*

不是→→前往 *13*

13. 中午你会选择？

A． 面食、简餐→→前往 *14*

B． 丰盛套餐→→前往 *10*

14. 到现在为止，还没遇到过太大的挫折？

是→→前往 15

不是→→前往 D

15. 你非常喜欢自己的名字？

喜欢→→前往 11

不喜欢→→前往 C

A. 自我陶醉度 80% 你好像对自己的才能和能力以及外表，可以说所有的外在与内在的条件都非常满意的样子，这样的你，其实就是一个自恋狂了。你太在意周遭的人是怎么看你的，完全都是照自己的意思去。也因为你有满腔的自信，所以不管做什么都可以将能力发挥出来，算起来也是一个不错的优点；只不过，一直将自己捧得高高在上，一旦遇到一个芝麻绿豆的小挫折就会受到超阶级大的打击，然后非常非常地郁闷。

B. 自我陶醉度 65% 你是那一种看着别人，就觉得自己比他们好上几倍，觉得自己能力比他们强的人。不过你这种自我陶醉的想法，大半都放在心里想而已，周围的人并不不知道。而且，你想归想，最后还是没有用行动和努力表示或是证明自己的实力。你的缺点是，面对新的挑战时会觉得非常的吃力。

C. 自我陶醉度 45% 你是一个对于自己的优点和缺点非常了解的人。你认为没有十全十美的人，所以对于这样的自己已经非常满意了。但是你知道自己的拿手的项目哪里，却没有即时让自己的才能完全地发挥出来，今后请尽量积极一些，度着去把握住每一个机会才对。

D. 自我陶醉度 15% 虽然明知道自己有过人之处，但是你绝对不会骄傲，也不会自满。不只如此，你甚至常常觉得有很多地方不行，一点能力也没有，所以很多事情你连做都还没去做就先举白旗了。哎呀！谦虚虽然是一种美德，但是也用不着那么自卑吧？你应该对自己更有自信一些，更主动一些才对。不要在做什么事之前都先想自己"一定又不会成功"，那未免太宿命。

5. 你有被人暗恋吗

用测字的游戏来测试一下你的情感！测字其实也是一种卜卦，请依照现在的直觉选那一字，来预测一下有没有人最近在暗恋自己。今天就以"实、在、难、说"四字中任选一字，测一下自己被暗恋的状况？

1. 选"实"

2. 选"在"

3. 选"难"

4. 选"说"

选"实"者：代表自己有被暗恋的状况是"早已习惯，安于守密"，因为实如果加上一个立心部就变成"惯"，表示习惯，长期性有人在暗恋你，而实的头也是"守"的头，保是很守秘"密"，因此有人在暗恋你，也许你自己还不晓得呢！

选"在"者：代表自己有被暗恋的状况是"左右皆有，心存仁爱"，因为"在"暗藏的一个、"左"，也暗藏了"右"还有"有"，表示有很多人在暗恋你，而且是"存在"的，另外在里面也暗藏了一个"仁"，意指你是心存仁爱之心的人。

选"难"者：代表自己有被暗恋的状况是"情路多艰，有雌有雄"，因为难是"艰"的开始，表示感情路上很艰难，而难的右边是"雌"、"雄"的结束，表示暗恋你的有男的，也有女的在暗恋你。

选"说"者：代表自己有被暗恋的状况是"少女心悦，言听计从"，因为说可以拆成"言"、"兑"二字，因为"兑"在八卦里面就是少女之意，意思是说有年轻的异性在暗暗的喜欢自己，如果把说改成心字边就变成"悦"，而如果加上一个十就变"计"，意思是说有人对你很喜欢，而且对你言听计从。

6. 处理恋爱难题的能力测试

如同生活中一帆风顺的事情很少一样，令人心旷神怡的恋爱生活有时也会遇到各种各样的难题。在恋爱的难题面前，采取什么态度，选择什么办法，往往能反映你的理智程度和道德水平。

通过对下面 *10* 个问题的回答，你可以对自己在处理这方面问题上的能力和态度，有一个基本的评价。

1、当你发现自己所爱的异性已有恋人时，你的态度是：

A、佯作不知，继续求爱；

B、千方百计把对方从其他恋人手中夺过来；

C、憎恨对方没有及时告诉你真相，不再同对方保持友谊；

D、克制自己的感情，愉快地同对方分手。

2、当你同时被两个异性追求时，你的态度是：

A、和这两个异性同时保持恋爱关系；

B、先保持友谊关系，发现哪一个更合适时，再同哪一个确定恋爱关系，当然，也有可能都不合适；

C、急于同其中一个明确关系，而另一个可以另择所爱；

D、不知所措。

3、当你和你的好友同时爱上一个异性时，你的态度是：

A、把好友当作"情敌"，而"情敌"是无所谓友谊可言的；

B、向好友倾诉你是如何钟情于那位异性，请好友高抬贵手；

C、自己主动退让，成全好友的心愿；

D、把自己的感情光明正大地告诉好友，让爱情在时间的流逝中做了她的选择，认为这并不妨；

4、当你发现恋人的意外缺点时，你的态度是：

A、诚恳地向恋人指出，希望并帮助对方改正；

B、严肃地向恋人说明自己的态度，如对方不在限期内改正，就同他（她）分手；

C、先分手再说话；

D、闷在心里难过，不敢向恋人启齿。

5、当你所不爱的人来求爱时，你的态度是：

A、态度暧昧，不置可否；

B、为对方的痴情所动心，接受对方的爱；

C、用恰当的方式把自己的态度告诉对方；

D、冷淡地对待对方。

6、当你打算中断和对方的恋爱关系而对方坚决不同意时，你的态度是；

A、不管对方是否同意，以后不再和他（她）来往；

B、通过朋友、熟人或组织做工作，尽可能使对方自愿脱离关系；

C、可怜对方，继续同他（她）保持恋爱关系；

D、嘲笑对方"单相思"，激起对方的不满，使对方不再缠住自己。

7、当你的父母坚决反对你的恋爱对象时，你的态度是：

A、屈服于父母的压力，同恋爱对象分手；

B、同父母大吵大闹，甚至提出脱离关系；

C、瞒着父母继续恋爱；

D、通过各种渠道，耐心做父母工作，同时让父母明白自己的态度是坚决的。

8、当你发现自己的恋人同时在和几个人谈恋爱时，你的态度是：

A、气愤地责骂恋人是"爱情骗子"，迅速同对方分手；

B、想办法把恋人的其他恋爱关系统统破坏；

C、佯作不知，对恋人更加热烈，以此加速恋人的态度明朗；

D、向恋人严肃指出这个问题，并视对方的态度决定自己和恋人的关系。

9、当你发现自己的恋人很不理想，而自己已是一个大龄青年时，你的态度是：

A、"男大当婚，女大当嫁"，将就凑合算了；

B、维持但不发展现有的关系，看看生活的视野里有没有更理想的异性出现；

C、和对方一起努力，使对方向理想的方向发展；

D、同对方分手，宁肯独身，也要求一个理想的配偶。

10、在你认为条件还不成熟时，而你的恋人却提出了结婚要求，你的态度是：

A、接受对方的要求，认为这是对方爱自己的表现；

B、明确而又恰当地表明自己的态度，希望对方和自己一起努力，加速爱情的发展；

C、拒绝对方的要求，怀疑对方是别有用心；

D、采用借口，对对方的要求不置可否，以便等待条件的成熟。

上述10道题，你可在A、B、C、D四种答案中任选一种，然后按下表计算得分：

1、A. 1；B. 0；C. 2；D. 3；

2、A. 1；B. 3；C. 2；D. 0；

3、A. 0；B. 1；C. 2；D. 3；

4、A. 3；B. 2；C. 1；D. 0；

5、A. 1；B. 0；C. 3；D. 2；

6、A. 2；B. 3；C. 0；D. 1；

7、A. 0；B. 1；C. 2；D. 3；

8、A. 2；B. 0；C. 1；D. 3；

9、A. 0；B. 1；C. 3；D. 2；

10、A. 1；B. 3；C. 0；D. 2；

得分越高，表明你处理恋爱难题的理智程度和道德水平越高。当你的总得分在24分以上时你处理恋爱难题的能力相当不错的，相信经过你的努力，这些难题也是会迎刃而解的。当你的总得分在14分以下时，你处理恋爱难题的能力就值得怀疑了，在这些难题面前，你很可能采取非理智甚至非道德的态度，其后果是令人担心的。那么，怎样才能提高自己处理恋爱难题的能力呢？朋友，上述题目中得分高的答案，不是已经为你指明了可供参考的方向吗？

7. 你会为爱付出多少

如果你的女朋友高兴地要你为她办一件你办不到的事，你会：

A、一口答应，装出很愿意的样子。

B、稍有迟疑，但最终还是愉快地答应。

C、十分委婉地拒绝，并请求对方原谅。

D、一口回绝，说做不到。

解析

A、在爱情心态上有问题。

如果要有健康完整的爱情，就要改变这种不坦白的心态，否则你很难找到真正的爱人和爱情。因为你的得失心太重，女朋友会因其不敢坦白的性格而倍感困惑。

B、你属于心思细密，谨慎地为对方着想的人。为了不使对方伤心、失望，会不惜一切帮对方做事。一旦答应对方，就会努力去做，即使最终没法完成任务，也会告诉对方自己尽了力。你在爱情中具有牺牲精神，但也会因此爱得很疲惫。如果想使自己轻松一些，最好的方法是，可以做到则尽力而为，做不到时就告诉对方真相。

C、选择这种答案的人，可能得理智地看待爱情，既不抱太多幻想，也不会太现实，可能缺少一些非理性的浪漫冲动，是一个心态很健康的恋人。你做任何事都有自己的尺度，在花前月下想的可能是小心天冷感冒之类的事情，在爱情中永远不会忘乎所以，不顾一切。

D、你是很现实的人。你不会做白日梦，也不会去做不切实际的事，更不会去做有损自己利益的事，即使是为了爱人也不会改变原则。你因为太直率，有什么说什么，常常会得罪人，更容易伤害爱人的心。

8. 你在失恋后干什么

A、对着镜子梳头

你不应该太责怪对方，认为完全是对方的错，自己没有责任。即使是对方不对，你也要谅解他（她），因为不宽容会使你对所有异性都反感。你不肯认输的特性和很强的自尊心，有点儿用得不是地方。你应该去照照镜子，反省一下自己的这段感情，去询问一些朋友的意见，发现自己的错误，去迎接新的感情。

B、躺在床上睡觉

你表面的伪装遮盖了你内心的痛苦。一向开朗的你，独自的时候，是否很忧伤？这是因为你的戒备心太强，对异性一向很小心，遇到问题太敏感。你需要足够的温暖，去融化你结冰的心，增加与异性接触的次数，试着敞开心扉。

C、去商场买新衣

分手并不十分痛苦，但分手的阴影却一直笼罩着你，挥之不去。你太急于找一个感情寄托，去支撑那段失重的情感，这时你的轻率会给周围人以轻浮花心的印象，还不如把感情转到其他方面，买一件新衣服，开始一个新自我。

D、和原来的女朋友约会

你总是无法忘记以前的日子，对别的异性视而不见，即使找新伴侣也有意识地依照以前的类型去寻找，你不断地把旧情人的形象在内心美化，使你更加挑剔和烦恼，你是否可以尝试一个冒险的方法，把旧情人约出来，看一下那个不再爱你的人，你或许会明白自己不太痴情了。

E、参加朋友聚会

你喜欢把一切都自己扛，给自己太多的压力，失恋之后自怨自艾，越陷越深越迷惘，对新感情失去信心，不要对自己的要求太高。不妨开个晚会，或许就能遇见一个真正欣赏你的人。

9. 谈恋爱为何不容易

你为何情场总是失败，快快回答下面的问题，以便对症下药。

现在你上身穿着一件纯白的衬衫，下列哪一种服饰是你想搭配的？

A、及膝的百褶裙。

B、长的圆裙。

C、黑色的短裤。

D、紧身牛仔裤。

解析：

A、你的眼光太高了，嫌甲太丑，乙不够帅，丙又没气质……天下哪来十全十美的人呢？别一直为难自己了，如果你稍微放低标准，马上有一大群追求者围绕着你呢！

B、你太黏人了！情人也需要自己的空间，你老像个"贴身膏药"，处处要人照顾，你的异性朋友当然对你避而远之。

C、或许你过度的招摇自己，让想与你交友的异性望而却步，你老是走在世界流动的顶端，哪有人追得上你？其实一般人并不希望自己的情人成为被指指点点的对象，或许你该稍稍注意自己的装扮，尤其性格要好。

D、你把身旁的异性都当"哥儿们"，人家想追你也没辙！先不要把朋友的地位过早确定，说不定留一点儿空间，你会发现追求的人不少呢！

10. 你真正的恋人是谁

对他外在的一切，你已了如指掌，接下来，就让我们来探测一下他的内心世界吧！

测验方法：

我们将以兴趣及特长来确认他。根据各个问题，从 A—C 中选择一个正确的或是接近他的答案。

1、对于他有兴趣的事情都是？

A、集中精神于一件事上。

B、几件有兴趣的事可以同时进行。

C、两者都不是。

2、他的兴趣种类是？

A、足球或赛车等和运动有关的。

B、收集电话卡或其他东西。

C、电视游乐器等电动玩具。

3、他是否常常和别人谈自己感兴趣的事？

A、不论向谁都说。

B、只和有相同兴趣的人说。

C、可能从来都不对别人说。

4、对于拥有同样兴趣的人，他的态度是？

A、因为有相同兴趣所以感情特别好。

B、和别人比较对这个兴趣的了解程度，一直抱着竞争的心态。

C、和其他平常朋友没有两样。

5、当有人贬低他的兴趣或不了解其兴趣时……

A、马上就翻脸。

B、觉得别人不能了解他，也不愿意和他多费唇舌。

C、将其好处、优点拼命地向人解释。

6、他对于自己兴趣的态度是？

A、被流行左右而马上改变。

B、不管流行什么，喜欢什么就是什么。

C、两者都不是。

7、原本这兴趣是他最先开始的，后来却变成大家泛滥的兴趣时？

A、是由自己先开始别人怎么可以如此，因而感到生气。

B、想交换的情报现在可以很轻易地拿到，觉得很高兴。

C、自己的世界好像快被破坏了而感到悲伤。

8、若有人因为他的兴趣而称赞他"有好水准"时，他会……

A、很单纯地感到高兴。

B、认为别人明明不懂还要装懂，而不理会。

C、不在意，自己的兴趣和别人的评价无关。

9、若出现一个比他对于他的兴趣更了解的人时？

A、毫不掩饰地将那人当做对手。

B、谦虚地向他人请教各种常识。

C、别人是别人，我是我，以自己的方式做。

10、他若是在自己的兴趣或是特长中发现自己有不了解的地方时？

A、非常诚实地承认自己不知道。

B、爱面子、装做自己知道的样子。

C、适当地隐瞒。

11、若是在自己专长的方面失败的话，他：

A、马上陷入低潮。

B、为试着挽回而努力。

C、认为偶尔也会碰到这种事情。

12、另外，他的专长为哪一种类型？

A、主要是身体的。

B、主要是动脑的。

C、两者都不是。

13、他若因他的专长而成功或立功时他的态度是？

A、觉得这是理所当然的事。

B、非常高兴。

C、觉得高兴但也有点害羞。

14、若他认为自己已经做得很好，但却没人称赞他或是认同他时，他会？

A、不在意。

B、会主动和别人说，要求别人称赞他。

C、什么都不说，自己一人很寂寞。

15、他对于他的兴趣、擅长的领域有何计划？

A、希望以后都能用专长或兴趣来工作。

B、单纯的只是考虑到那只是兴趣而已。

C、两者都不是。

计分方法

请将 1—15 的回答，参考计分表来计算，所得的总分即可看出他是属于哪个类型。

1、A. 5；B. 3；C. 1；　　2、A. 1；B. 5；C. 3；

3、A. 5；B. 1；C. 3；　　4、A. 3；B. 1；C. 5；

5、A. 1；B. 5；C. 3；　　6、A. 1；B. 5；C. 3；

7、A. 5；B. 1；C. 3；　　8、A. 1；B. 3；C. 5；

9、A. 1；B. 3；C. 5；　　10、A. 5；B. 1；C. 3；

11、A. 3；B. 1；C. 5；　　12、A. 1；B. 3；C. 5；

13、A. 1；B. 5；C. 3；　　14、A. 5；B. 1；C. 3；

15、A. 1；B. 3；C. 5；

63 分以上——A 型

62—51 分——B 型

50—39 分——C 型

38—27 分——D 型

26 分以下——E 型

解析：

只由外表来看，可是看不出真正的他喔！

A　专注认真但却显得无用

暂且不论他平常的行为，这个类型的他就是个非常认真专注的人。

不论是去戏弄别人，或做了什么敷衍了事的事，都不会让人觉得他做了什么坏事，因为他就是有一副很认真的脸。但是一旦他决定要去做什么时就会非常专心去做，可惜的是这些常常都不是对他很有帮助的事。

143

B　好逞强但实际腼腆且胆小

在行为及说话方面都表现非常有骨气似的，但内心却是提心吊胆、战战兢兢的。事实上是个胆小怕事的人。

若是被周围的人发现了这一点的话，他就更会特别去强调自己很有骨气，但只要一发生什么事，又可看出他刻意隐藏他的胆小，也可以说他一直都生活在别人如何看他的那个世界里。

C　害怕遭受伤害的人

心细、天真的人。一些小事情，或是一些细节，看起来他似乎都不注意，但实际上他却是非常在意的。

有些大家已经忘记的小挫折，他却都牢牢地记在心中，或许是因为当时所受到打击，亦或是天生害羞的他在失败的当时就已经受伤了，所以才会印象深刻。这点，他非常希望你能了解他的。

D　率性、任性的人

他真的是一个任性且反复无常的人。平常看他似乎都非常约束自己似的，但稍微一不注意，或一有什么事发生，马上就会将自己任性的一面表现出来。

这个类型的他，具有协调性，也有亲和性，自己也非常了解自己有些事是需要改变的，只要在他能理解的范围内，他会有想要改变的倾向。

E　实际上他是个野心家

他的外表给人温文儒雅的感觉，但实际上这类型的他内心是个野心家。

他会一直否认，但只要一不注意就会非常明显地表现出这样的性格。因此平常他下了很大的工夫去压抑自己的个性，所以不要被他的外表蒙蔽，记着，他的内心可是抱着极大野心喔！

第四章

建立友情平台

第一节　建立友情　真诚以待

1. 他是我的好朋友吗

　　多疑是指神经过敏、心中产生疑神疑鬼的消极心态。它是在主观意识上产生的一种不信任的心理。多疑的人喜欢把对事物的认识固定在一个框架中，然后把那些无关紧要的东西联结起来，并用客观原因来证实自己的推断。最后把自己推入迷惑的世界里，不能自拔。据心理学研究表明，多疑是属于偏执型的性格缺陷。多疑心理形成之后，一般是比较顽固、任性的，它是导致偏执性格障碍的主谋，所以，青少年需要警惕，不要让自己染上这种心理疾病。

　　多疑心理可以是自我怀疑，也可以是怀疑周围的人，这种不良的心理严重影响了青少年们的正常生活和学习。具有多疑心态的青少年往往会固执己见，他们通过自身的"想象"把生活中无关重要事情凑合在一起，把别人无意间的言行举止，误认为是对自己怀有敌意或迫害的心理，在没有足够的证据时就怀疑别人欺骗自己，甚至把别人的好心好意理解为阴谋诡计。于是，导致在人际交往中自筑鸿沟，最终反目成仇。

　　著名的哲学家培根曾说过："猜疑之心犹如蝙蝠，它总是在黑暗中起飞。这种心情是迷陷人的，又是乱人心智的。它能使人陷入迷惘，混淆敌友，从而破坏人的事业。"在日常生活中，我们常常会碰到一些疑心重重的人。比如，对他说一句问候的话，他也再三品味"言下之意"；你无意中的一个玩笑，他就会认为你是笑里藏刀、不怀好意；看见两个人小声说话，他就猜想是在议论自己的缺点等，这些生活中的小细节常常令疑心较重的人左思右想。那种高度的警觉性和冲动的性格，令人不得不敬而远之。

单纯的多疑在成为一个人的行为习惯之前，则通常在误会别人的情况下发生的。比如有些青少年自认为在某些方面不如别人，因此，他总认为别人会看不起自己，处处算计自己。如果别人在和其他人说话时对他投来了不经意的目光时，他就认为别人在说有关自己的坏话；或者有人给他开善意的玩笑，就怀疑别人对自己有成见等等。具有多疑心态的青少年常常"疑心生暗鬼"，常用主观的想象来代替客观的事实，产生一种愤恨的报复心理。

有多疑心的青少年一般是在孩提时受到过严厉虐待或遭受不幸，主要就是缺乏感情交流，逐渐形成对任何人都不信任。这种类型的青少年往往自恃清高、心胸狭窄、神经过敏，遇到任何事时总喜欢往坏处想，总觉得任何人都在和自己作对，从而产生攻击性的言行，导致在家不能与亲人和睦相处，在外不能与同伴打成一片，搞得人际关系硬硬的。

多疑和猜疑是不相同的。由于多疑而不相信别人，在猜疑中局限了交往范围，因此，就会失去青少年本应享受的欢乐，同时，损伤和别人之间的感情。多疑，像一条无形中的锁链，束缚着我们的手和脚，并促使青少年们远离朋友及亲人，从而走向生命的极端。

猜疑心理只是一般的怀疑，然而这种怀疑有可能纯粹是神经过敏所导致的，也可能是符合客观事实的。青少年要想让情绪的表达合乎情理，即要保持喜怒有常也要保持喜怒有度，最好不要随心所欲。特别是在情绪不好时，更不要随意迁怒于他人或意气用事，否则，后果将会不堪设想。

一般正常的情况下，猜疑心理是人皆有之的，这不属于心理问题。然而，多疑则是猜疑的极端表现，绝大多数有多疑心理的青少年都是无端生疑，这样不仅在心理上产生更多的猜疑，而且纯粹是心理失衡的极端表现。所以，青少年应远离这种不良的心理误区，快乐、自信地面对身边的每一个人，为你们的友谊搭出平稳的桥梁。

青少年产生多疑的原因：

1. 在过去的生活中经受过挫折。有些青少年曾经可能受过别人的欺骗或遭受过挫折，由于经不起沉重的打击，从而不相信任何人，对朋友也失去了应有的信任。

2. 片面的认识。有些青少年由于性格内向，不善于交往，缺乏主观意识。由于自卑心理的原因常常认为别人对自己不满，怀疑别人背后议论自己等等。

3. 与世隔绝。整天待在家里，很少和外人接触，对外面的世界感觉很陌生。因此导致害怕与别人交往，从而产生更多的不信任和戒备心理，这也是产生多疑心理的原因之一。

在这个世界上，任何人都不愿意与一个多疑的人交往，因此，对于青少年来说，有一个良好人际关系的第一步是消除多疑心理，做一个心胸开阔的人。

1. 认识多疑的危害，加强自身修养。青少年要全面认识多疑的危害及不良后果，然后果断地克服多疑心理，用宽阔的胸怀，友善的态度与别人交往，你就会得到一生中最重要的东西——友谊。

2. 用信任赢得真正的友谊。青少年要用信任的态度赶走多疑的心理，慢慢地就会走出心胸狭隘的心理。然后用真诚的心与同学交往，抛掉偏见和不信任的态度，最终你会赢得真正的友谊。

3. 青少年要树立自信心。首先青少年要相信自己的能力，相信别人能做到的你也能做到。这样，你就会全心全意地投入到学习和生活

中，多疑的心理自然而然就消失了。

4. 正确看待自己的缺点和不足。多疑的青少年常常是因为自己的缺点和不足，青少年不要过于把注意力停留在自己的不足之处，你要知道这个世界上没有十全十美的人，你要做的就是扬长避短、优缺共进。

总之，青少年消除多疑心理就需要理智地思考问题、积极的自我暗示。不管在任何时候，都要用自信友善的态度与人交往，这样不仅有利于获得别人的尊敬，还会赢得别人的友谊，从而培养成开朗、豁达的性格。

2. 友情不可靠迁就

对于许多青少年来说，为了友谊，总是让自己委曲求全，不懂得怎样去拒绝，结果迫使自己去做不愿意做或者是自己做不到的事情，这让自己的心理受到不小的打击，也会危及到自己的人际关系。所以对于朋友不合理的要求，要大胆的说"不"，千万不要勉强自己，友情不可靠迁就。

迁就的友情不是真正的友情。真正的友情是一种很美妙的东西，可以让你在失落的时候变得高兴起来，可以让你走出苦海，去迎接新的人生。他就像一种你无法说出，又可以感到快乐无比的东西。放眼看现在的中学生中，有很多为友情而累，而心伤，他们为了友谊去勉强自己。分析中学生迁就朋友的心理原因，不难发现：

他们害怕失去朋友

当一个人特别害怕孤独时，那么他就离不开伙伴。所以这一类的青少年平时跟伙伴或者是朋友说话都是很小心，人家要什么东西或者是办什么事，自己都会去努力帮朋友完成。有些东西甚至不等人家来要，就会主动送上门去，把东西给了别人以后，不会心疼，也不会后悔的。

他们的性格胆小

有些青少年怕事，胆小，生怕惹哪位朋友或同学不高兴，即使对别人提的要求明明心里不同意，也说不出口。

他们好面子的原因

在现在的社会上，很多人都是讲面子，一些青少年生怕别人说自己"不懂世故"。为了照顾自己的面子，常常做一些违心的事情。比如在饭店吃饭，明明知道不该自己掏钱，但对方不主动，自己只好大方一把，然后离开饭店难免没有怨言。

他们不知道怎样拒绝别人

许多青少年并不是不想拒绝别人，而是缺乏拒绝别人的技巧，觉得直接说"不"伤害到别人的自尊，也怕危及自己与同学之间的关系，因此就只好自己忍着了。

一名初二女生来询问，她和她的一个很要好的朋友经常吵架，她不知道两人还是不是好朋友？为了保住友谊，她们不敢相互指出对方的对与错，甚至在她的好友有偷盗自己东西的行为时，也不敢多说，近来，好友还被一群品行不良的人恐吓威胁着让陪着他们玩玩，而且让好友去干坏事，她们两个都害怕不服从会招到报复，而服从了又害怕自己变坏。因此，徘徊不定，也不知道怎么办。

少年由于缺乏辨证而全面的看事物的经验，往往会把朋友之间的友谊神圣化。他们会把小集团中的一些人的行为准则作为自己的行动标准。常常为了所谓的"义气"而包庇同伴，或者为对方打抱不平，也不管是否符合社会道德规范就很冲动的做出一些造成较大不良后果的行动。

青少年要首先明确一个问题。那就是真正的好朋友不仅仅是讲

"义气"，好朋友是要互相帮助，取长补短，共同进步的。

青少年要知道每个人都有与别人不同的观点，要敢于接纳与自己不同的合理观点，保留自己的正确观点，最好能够采用一切合理的方法来证明自己的观点的正确性。

真正的好朋友应该为对方的健康成长着想，对方的不当行为我们都应该勇敢而委婉的提出，引导他们改正错误。面对不良行为的影响，应该主动向家长或者老师寻求帮助。

韩凌是一个胆小的人，平时在班里很少说话，总是保持沉默。班上有几个同学看他老实，总是欺负他。而他却不这样认为，他把他们几个当成了朋友，不管班上的那几个同学让他去干什么，即使自己心里虽然不愿意去干，他都不会说一个"不"字。因为，他害怕别人不理他，不和他做朋友。但即使韩凌这样委曲求全，同学们还是没有人和他做朋友。

青少年要知道，迁就的友情不是真正的友情，迁就来的友情会让自己很累。那么青少年要怎样去面对朋友的不合理要求呢？

用正当理由委婉拒绝

当你拒绝别人时，通常要用最委婉、最温和的方式表达你的不同意见。必要时，要用委婉和坦诚的语气，向对方详细解释不能答应其要求的理由，而不是生硬冷淡的拒绝，因为那样只能伤害并有可能失去朋友。所以，面对这种"难题"，有时我们不得不使用谢绝的语言。

巧妙转移

不好正面拒绝时，转移话题也好，另有理由可以，主要是善于利用语气的转折——温和而坚持——绝不会答应，但也不致撕破脸。

用肢体语言表达

有时让青少年开口拒绝对方并不是件容易的事，往往在心中演练多次所以就要好好运用自己的肢体语言。一般而言，摇头代表否定，别人一看你摇头，就会明白你的意思，之后你就不用再多说了。另外，微笑中断也是一种掩体的暗示，当面对笑容的谈话，突然中断笑容，便暗示着无法认同和拒绝。类似的肢体语言包括，采取身体倾斜的姿势，目光游移不定、频频看表，心不在焉……但切忌伤对方自尊心，使自己失去一个朋友，而多了一个敌人。

学会拖延

这里所说的拖延法，并不是让青少年对自己已经承诺给别人的事来进行拖延。而是当别人想让你帮忙时，可以暂不给予答复。当对方提出要求是你迟迟没有答应，只是一再表示要研究研究或考虑考虑，那么聪明的对方马上就能了解你是不太愿意答应的。

找恰当的借口来拒绝

虽然找到借口来谢绝对方是不礼貌的。但是，借口是生活中必不可少的。在许多情况下，要拒绝对方的某一要求而又不便说明理由，也不便向对方说什么道理，不妨寻找恰当的借口（或称"托辞"），以正当的、不至于被对方责怪的理由来回避对方的要求，这样既解决了问题，也维护了自己的人际关系。

友谊是不能靠迁就来维持的，如果这次你让步了，可能以后还有什么事需要你来迁就。也许你很在意友情，那你只能选择更理性的一者。我想你的好友会理解的，她现在只是心理还不是很适应，等她经历的事多了，她也就明白了，你们的友情将死而复燃。

3. 别把友情当爱情

青春期，是儿童向成人过渡的阶段，他们希望拓展自己的活动天地，开创自己的交际空间，以此倾诉困惑，解答疑问，展示能耐，于是产生了主动交友的欲望。但很多同学在与异性交往中由于把友情当爱情而产生了一系列的情感困惑。

异性同学互相亲近、乐于交往是青春期少男少女的正常现象，但是许多人对这种现象缺乏正确的认识。简单模仿影视作品中的青年男女的行为，谈起了"朋友"，自认为是在"谈恋爱"。

"恋爱"的结果是结婚成家。青少年，别把友情当爱情。

一个初三女生的困惑：我是一个正在上初三的女生，眼看就要中考了，可是我上课根本听不进老师的讲课，心里成天都在想着一个男生。我心中想着的男生是一个很文静的男孩，和我以前是同桌。他对我很好，我们以前经常在一起学习，一起玩耍，我很开心。前不久，老师调换座位时把他从我身边调走了，安排他和另一位女同学同桌，这让我很伤感。

说句心里话，一年前我就暗恋上了他，只是他没有察觉而已。如今，他和那位女同学很谈得来，经常在一起玩耍。每当看到他们开心地在一起玩耍，我的心都很烦躁，感觉有一种说不出的痛。我也想好好学习，可又情不自禁地成天想他。如今，我发觉自己根本无法摆脱他的影响，我该怎么办？

青少年首先要分清楚什么才是真正的恋爱，恋爱所具备的条件是什么。

生理成熟是爱情的物质基础。中学生开始步入青春年华，有了性意识的萌芽及发展，开始有接近异性，交异性朋友的需要。但从萌芽到成熟尚有较长（13、14 岁——18、19 岁）的成长历程。如果这时去急于品尝爱的烈酒，尝到的将是一杯苦酒。就像树上开始挂上果子但不等于已成熟一样，未成熟的果子是酸涩的。

心理成熟是爱情的精神依靠。恋爱不仅是求得生理上的满足，更重要的是心灵的契合，双方都应为对方提供一个心理上的安全可靠的港湾。而中学生自身尚处于心理的发展阶段，从无到有、从少到多的变化过程中。从认识到情感乃至人生观、世界观尚不完整、不稳定。情感缺乏深刻性和稳定性，对事物认识的态度仍有较强的依赖性。对爱的对象与内涵还没有稳定而全面的理解。多数同学认为此时遇到的就是最好的。其实，随着年龄的增长，心理的成熟，交往面的扩大，将来到了更好更广阔的生活空间中才发现，原来还有更精彩的世界。当你看见大海时才发现原来看到的不过是一条小溪。

良好的事业是爱情的物质保障。爱情需要建立在一定的事业之上，古人讲"成家立业"，而现代人更应当"立业成家"。我们处于高度现代化的社会，每个人要幸福地生活，必然要有一定的本领，在事业上有自己的发展空间。也才能为所爱的人提供一片绿荫，尽自己的责任和义务。也许有同学会说，为了爱，我愿意跟他（她）去流浪。不过，这仅是一种短暂而美好的幻想，你们不可能逃避现实，没有那么美好的伊甸园等着你。虽然爱情不以物质论价，但生活不总是风花雪月，总不能只有精神而不言物质，试想，这样连基本的生存都难以维持，还何谓爱情呢？

中学生朋友，当你在谈情说爱的时候，想到过以上这些吗？据了解，绝大多数中学生没有对"爱情"二字认真咀嚼过。

小丽是刚踏入高一的一个中学生。以前的她大大咧咧，爱说爱笑，但现在的她看起来文文静静，好像总有什么心事似的。突然有一天夜里，她没回寝室，独自在外面淋了一夜的雨。老师知道了此事，就关心的问她，她半晌不说话，最后在老师的期待的目光中，她道出了一切。原来是她喜欢上了她的同桌，一个阳光帅气的男生，但他却总是和前面的女孩子在一起说笑。老师问："你喜欢他什么呢？"她摇摇头说："我也不知道。"老师又问："你是怎么喜欢他的呢？"小丽的眼神开始飘忽起来："有一天中午他见我没吃饭，就立刻跑出去给我买了一块面包，还有别的零食，那时候都快上课了。……"其实，小丽喜欢上这个男孩子，并不仅仅是单纯的对方给自己买了午餐。这和小丽第一次离开家，在校住有着很大的关系。陌生的环境，再加上青春期性意识的懵懂，很容易把异性对自己的关心当作爱情。

可见，青少年在进行异性交往过程中，常会出现误把友情当爱情。青少年分清友情与爱情的界限是十分必要的。

青少年可能在学习上、生活中遇到很多麻烦，尤其是人际关系紧张，深感寂寞孤独，需要有人倾诉。而青春期的学生心理具有很强的隐蔽性，不轻易向别人吐露，包括父母、老师。特别是性格较内向的学生。因此，他们希望找一个可以信赖的人，而此时有一个异性同伴能理解他（她），愿意跟其谈心，就感觉得到了安慰，大有情投意合，觅到知音之感，因此，容易误入爱河。

青少年错把友情当爱情，把异性对自己的关心、帮助、爱护错误定位在恋人的行为上；有的被对方潇洒的外表、风趣的谈吐、优秀的成绩所吸引，幻想成为自己的恋人。少男少女情窦初开，常常构想自己的"梦中情人"、"白马王子"。当有一天在校园里突然发现某人正好和自己心中的标准吻合时，顿生爱恋之情。而这种感情常常是一方的主观意愿或错觉，得不到对方的回应。

青少年一定要正确的区分友情和爱情。不要让错误的意识来伤害到自己，伤害到两个人的友谊。

4. 嫉妒之心不可留

嫉妒是人的一种天性，它是人际关系中较为普遍的社会心理和情绪心理的表现。一个人如果产生了嫉妒心理，那么他常常会以"自己"为中心，看不见别人的优势也发现不了自己的不足，整天满脑子都是为什么别人比自己出色，其结果只能是自寻烦恼。如果让嫉妒心理长存心中，那么，嫉妒心理就会演变为嫉妒行为，最终就会害人又害己。

嫉妒心是指别人在某方面比自己出色，并认为别人的优势会损害自己的利益，在心理产生的忌恨与不满。这种不良情绪往往是在侧面流露出来的，这是嫉妒心理的表现特点。每个人都有嫉妒心理，只是嫉妒的程度不同而已，所以在生活中嫉妒处处存在。比如：兄妹之间存在着嫉妒、朋友之间存在着嫉妒、同事之间存在着嫉妒等等。

在现实的生活中，尤其不够成熟的青少年最容易产生嫉妒心理了。如别的同学家庭条件好，穿着好看的衣服，背好看的书包，其他同学比自己学习好等等。这时，嫉妒就像幽灵似的困扰着青少年的心灵，践踏其可贵的友谊。

每位青少年都是争强好胜的，如果父母或老师不给予正确引导，那嫉妒心理就会把青少年们的心灵拉入地狱。在现实生活中，如果遇到别人比自己幸运，心里就会很不是滋味。如有的青少年看到别的同学比自己成绩好，其他方面的能力也比自己强，生活条件也比自己优越，受到的表扬和得到的荣誉都比自己多，就产生嫉妒和不满；嫉妒是阻碍青少年前进的拦路虎，嫉妒的人总是拿别人的优点来折磨自己。其实，现实生活中有很多问题都很复杂，青少年们难免会遇到各种各样想不通的问题，这都是在所难免的，在遇到这种情况时，嫉妒要像闪电那样瞬间即失。否则，只会给你带来更多麻烦，百害而无一利。

青少年产生嫉妒心除自身的原因外，还有一点就是如果老师处理问题不公平或心理上有偏爱，对某些同学因为成绩差而有成见等等，都有可能产生矛盾，甚至会使一些学生因怨恨而产生嫉妒心理。

有嫉妒心理的青少年往往高傲自大。所以在心理上就容不下比他出色的人在。如果看到周围的人有比自己优秀的，就会想方设法去贬低对方或者设置陷阱去坑害对方。进而排除别人优于自己的方面来解除心中的愤恨，从而达到在心理上的平衡。这些不良的行为严重扭曲了青少年的心态。

青少年的嫉妒心是怎么产生的呢？

1. 心胸狭隘。如果青少年没有宽容之心、厚道之道、团结友善等优良品质，那么在生活中就缺少基本道德品质，当遇到自己不能解决的事情而别人轻而易举的就能解决，此时，就容易燃起嫉妒之心。

2. 受生活环境的影响。在日常生活中，如果成人之间互相猜疑、互相贬低，有时候在家里讨论某位同事因工作出色而表示不满等等，这些都潜移默化地影响着青少年们的心理。

3. 过多的夸奖。父母或其他亲人过分地炫耀和夸奖他们，这也容易使青少年产生了自命不凡的心理，在他们心里无形心中就产生一种不允许别人超过自己的心理，否则就会心生嫉妒或迁怒别人。

心存嫉妒对青少年的健康成长会带来哪些危害呢？

1. 嫉妒的突出表现就是中伤别人，损害别人的自尊心，打击别人的进步，这不利于同学之间的正常交往。在特定的条件下便以各种消极的情绪、情感和有害的行为表现出来，并外化为种种邪恶的力量，造成一些无可挽回和令人痛心的危害。

2. 危害身心健康，恶化同学关系。心理经常处于紧张焦虑状态，不仅影响学业进步，影响身体健康，更会影响其健康人格的形成。嫉妒会使人心胸狭窄，目光短浅。

3. 嫉妒不仅危害别人，也危害自己。嫉妒潜移默化地磨灭孩子奋发向上的锐气，倘若一名青少年长期处在嫉妒的心境之中，那么他就会在内心深处产生一种压抑感，给自己造成莫大的心理压力。

很早以前，有一个叫利明的人，非常嫉妒隔壁的邻居，当邻居高兴的时候，他就不高兴；邻居因为做生意发财的时候，他就不痛快；因此，他每天都祈祷邻居家着火或盼望邻居得什么绝症，甚至盼望邻居的儿子夭折……然而事与愿违，每当他见到邻居时，邻居总是过得好好的，并且友善地与他打招呼，这时他的心理就更不是滋味了，恨不得一刀把邻居给劈了。就这样，他每天痛苦地折磨自己，身体一天不如一天，胸中就像堵了一块石头，吃不下也睡不着。

终于有一天他实在忍不住了，决定给他的邻居制造点晦气，于是，他就到花店里买了一个大花圈，并小偷小摸地给邻居家送去了。当他走到邻居家门口时，就听到屋面有人在哭。这时，邻居正好出来，看到他手里拿着一个花圈，忙说："利明，这么快你就过来了，谢谢!"从邻居口中得知他的父亲刚刚去世。这个叫利明的人顿时觉得无趣，和邻居说了两句话，转身就走了。

上面这个例子中的主人就是出于嫉妒之心，把自己的心灵置入到地狱之中，把自己折磨来折磨去，最后却一无所得。

现在大多数家庭都是独生子女，他们享受着优越的物质生活的同时也受到父母的精心呵护和关爱。然而，青少年们在健康成长的过程中总会遇到复杂多样的问题，嫉妒就是其中之一。嫉妒可能会摧毁青少年的理智或扭曲他们的人格。

由此，青少年若心生嫉妒之时，必须要及时控制。方法如下：

1. 要走出自我狭隘的小圈子，做个明白人。青少年在成长的过程中，时时会发现自己周围的同学正在超越自己。如果你能为他们的进步而高兴，并能为有如此出色的朋友而感到骄傲和自豪时，那么你就走出了自我狭隘的小圈子，你就具有了一种宽广的胸怀，这种胸怀对于你将来的成功十分重要。如果说嫉妒心理代表着一种平庸和狭隘，那么能够积极地容纳别人和欢迎别人超越自己的态度则代表着一种高尚和善智。

2. 要建立起自我丰富的内涵。嫉妒是一种害人害己的危险心理。要克服人性的这些褊狭、自私和平庸的弱点，就应该用人类的智慧和知识来充实自己，使自我的内心世界更加丰富。

3. 提高自身的竞争意识。有嫉妒心理的青少年，把这种心理转化成竞争的动力，并通过竞争来提高自己各方面的能力，通过自己的不断努力来超越对方，久而久之，就避免了嫉妒心产生的消极影响。

4. 要开阔胸襟，扩大视野。有嫉妒心的青少年不要斤斤计较，在心中一定要有一个"度"。世上没有十全十美的人，对于有些事情我们可能会力不从心。所以，这时要做的就是面对现实，放宽自己的心胸，扩大视野，用一种高尚的思想来看待一切，嫉妒心慢慢地就会消除。

5. 要善于取他人之长，补自己之短。在学校的学习和生活中，每个人都要在具有竞争气氛的学习生活中客观地对待自己，摆正自己的学习态度。不要把学习中最优秀的同学仅仅看成是与自己有竞争关系的对手，而要看成是促使自己进步的动力。在与他人相处的时候，不要仅仅拿自己的长处和别人的短处去比较，而要注意发现别人的长处，弥补自己的短处。只有这样才会有长进，才会使学业和思想都能达到一个更高的境界。

中国古代这样一副对联，叫做"欲无后悔须律己，各有前程莫妒人"。希望有嫉妒心的青少年读读此联，然后，不断地的反思自己，并改善自己的不良行为习惯。人生在世，重在不断的自我完善，而不是击倒他人。俗话说好："临渊羡鱼，不如退而结网。"

青少年要用正确的态度来引导自己不甘落后的进取精神，做一个道德高尚的人，不断地调整心态、超越自我，尽早地跳出嫉妒的深潭，为自己美好的明天而努力奋斗。

5．与人分享，不再自私

　　自私是一种常见的心理疾病，自私表现为凡事只为自己考虑，不顾及他人感受，以自我为中心。有些人的自私有时并不是很明显，虽然自私的手段高明些不被人发现，但在一己利益没得到满足时会长久地郁闷。这样的自私，可能在某种程度上能对某些具体的事物有推进作用，但不适用于事物的长远发展，对自私者本身，推动作用也不稳定，随时会让自私者心理失衡而躁动不安。

　　自私之心是万恶之源，贪婪、嫉妒、报复、吝啬、虚荣等病态社会心理从根本上讲都是自私的表现。自私之心，自古就有。战国时期，齐国有一美男子邹忌，一天另一美男子徐公来访，徐公走后，邹忌便问妻子、小妾、客人，他与徐公哪个长得更英俊，三人异口同声说邹忌长得好看。邹忌是一个有自知之明的人，他认为妻子是偏爱他，小妾是害怕他，客人是有求于他，他们不讲真话，都有私心杂念。所以《书·周官》就提出"以公灭私"，孙中山先生也提出"天下为公"的主张。由此可见，要克服自私心理，就要学会分享。

　　这是一个漂亮的大花园。草丛中盛开着美丽的花朵。另外园里还有 12 株果树。春天来临时，树上开满红色和白色的花朵；秋天到来时，树上果实累累。鸟儿在树上歌唱，唱得那么动听，孩子们有时会停止游戏，来倾听鸟儿唱歌。他们彼此欢叫着："我们在这儿多快乐呀!"

　　巨人离家已经七年了。一天他回来了。他一进家，就看到孩子们在花园里玩，他大吼道："你们在这儿干什么?"孩子们一听就吓跑了。

　　"我自己的花园就应归我自己，"巨人说，"除了我自己，我不许任何人在里面游玩。"于是他在花园四周筑了一道高高的围墙，还贴了一张告示："禁止入内。"他是一个非常自私的巨人。

孩子们因此没有玩的地方了。他们只好在马路上玩，可路上尘土飞扬而且到处是坚硬的石头，他们不喜欢。他们放学后就在高墙外转来转去，谈论着墙内美丽的花园。他们相互说着："以前我们在这儿多快乐呀！"

春天来了，全国到处开满鲜花，鸟儿到处飞。但是在自私的巨人的花园里却仍是一派残冬的景象——因为园内没有孩子的踪迹，鸟儿也就不愿在这儿歌唱，连树都忘了开花。雪花铺满草地，寒冰覆盖着所有的树木，使它们披上银装。北风刮来，接着又下起了倾盆大雨。自私的巨人坐在屋子窗前，望着外面寒冷雪白的花园，说："我弄不懂为什么今年春天来得那么迟。我希望天气能变得好一些。"

但是春天和夏天一直都没来。当别的花园结满金色的果子时，巨人的花园里却一个果子也没有。那儿永远是冬季，有凛冽的北风，寒冷的冰雪和瓢泼的大雨。一天早上巨人躺在床上，忽然听到一种优美的音乐。这是一只小鸟在窗外唱歌。他已经很久没听到鸟儿的歌声了，所以他以为这是世上最美的音乐。接着，北风息了，暴雨停了。

"我相信春天到底来了！"巨人说着跳下床朝外面看去。

他看到了什么？

他看见一副美妙的景象。孩子们从围墙的一个洞钻进花园里来，坐在树枝上。他在每棵树上都能看到一个孩子。孩子们又都回来了，果树很高兴，用各种各样的花朵将自己重新装饰起来，鸟儿欢快地四处飞翔，歌唱，花儿也在绿色的草丛中抬头张望。

"我多自私呀！"巨人说，"现在我知道为什么春天不肯到这儿来了。我要把这个男孩抱到树上，然后推倒围墙，那我的花园将永远是孩子们的游戏场。"他对自己以前做的事确实感到后悔了。

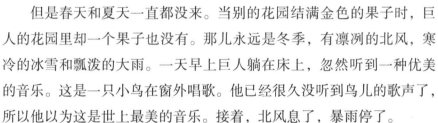

　　于是他走了出来，轻轻地打开门走进花园。但是孩子们一看到他，就都吓跑了。只有那个小男孩没有跑：他眼里含着泪水，没看见巨人走了过来。巨人悄悄地来到他身后，他伸手把男孩轻轻抱起来，放到树上。那棵树顿时开满鲜花，鸟儿也飞来了在树上唱歌，小男孩伸出双手搂着巨人的脖子吻了他一下。

　　其他的男孩认为巨人不再那么坏，那么自私，于是他们又都跑了回来。

　　"孩子们，这儿现在是你们的花园了。"巨人说着把围墙推倒了。人们顺大路进城时，看到巨人正和孩子们在花园里玩，那个花园是他们见过的最美丽的花园。

　　当你拥有六个苹果的时候，千万不要把它们都吃掉，因为你把六个苹果全都吃掉，你也只吃到了六个苹果，只吃到了一种味道，那就是苹果的味道。

　　如果你把六个苹果中的五个拿出来给别人吃，尽管表面上你丢了五个苹果，但实际上你却得到了其他五个人的友情和好感。

　　以后你还能得到更多，当别人有了别的水果的时候，也一定会和你分享，你会从这个人手里得到一个橘子，那个人手里得到一个梨，最后你可能就得到了六种不同的水果，六种不同的味道，六种不同的颜色，六个人的友谊。

　　青少年一定要学会用你拥有的东西去换取对你来说更加重要和丰富的东西。所以说，放弃是一种智慧，分享是一种乐趣，不再自私是一种健康的心理。

　　有一个故事，说一位犹太教的长老，酷爱打高尔夫球。在一个安息日，他觉得手痒，很想去挥杆，但犹太教规定，信徒在安息日必须休息，什么事都不能做。

　　这位长老却终于忍不住，决定偷偷去高尔夫球场，想着打九个洞

162

就好了。

由于安息日犹太教徒都不会出门，球场上一个人也没有，因此长老觉得不会有人知道他违反规定。

然而，当长老在打第二洞时，却被天使发现了，天使生气地到上帝面前告状，说某某长老不守教义，居然在安息日出门打高尔夫球。

上帝听了，就跟天使说，会好好惩罚这个长老。

第三个洞开始，长老打出超完美的成绩，几乎都是一杆进洞。

长老兴奋莫名，到打第七个洞时，天使又跑去找上帝：上帝呀，你不是要惩罚长老吗？为何还不见有惩罚？

上帝说：我已经在惩罚他了。

直到打完第九个洞，长老都是一杆进洞。因为打得太神乎其技了，于是长老决定再打九个洞。

天使又去找上帝了：到底惩罚在那里？

上帝只是笑而不答。

打完十八洞，成绩比任何一位世界级的高尔夫球手都优秀，把长老乐坏了。

天使很生气地问上帝：这就是你对长老的惩罚吗？

上帝说：正是，你想想，他有这么惊人的成绩，以及兴奋的心情，却不能跟任何人说，这不是最好的惩罚吗？

人生是酸甜苦辣的组合，人的承受能力是有限的，而压力却是无限的，喜悦也是无限的。当一个人的压力无穷大，不懂得把自己的压力分给别人一点，早晚要垮掉；当一个人遇到高兴的事情，却没有人与他分享，结果只会让高兴的心情变为郁闷。因为，生活需要伴侣，快乐和痛苦都要有人分享。没有人分享的人生，无论面对的是快乐还是痛苦，都是一种惩罚。

细心观察和思考之后，你必然体会到分享的乐趣，那个时候你就能自动自发的爱上这种行为。你从一个无耻的自私鬼变成一个心胸宽广的人，当然你也能从中感到分享的无限乐趣了。就是这么一个简单的良性循环，多棒啊！

青少年，这样去做吧，尝尝"无私"的滋味，你会拥有更多的朋友！

6. 赞美别人，你能获得更多

苦苦挣扎中，有人投以你理解的目光，你会顿感一种生命的暖意。推己及人，你的一句赞美，也会温暖另一个心灵，给他一份勇气和信心！我们应该学会赞美别人，每个人都希望得到别人的称赞，精心的打扮、努力的工作都是希望能得到别人的认同。在日常生活中，注意到别人的优点而去称赞他，他们就会觉得快乐，这样你在与人交往中就会有好的人缘。

赞美别人是一种交往艺术。在与人交往时，就像渴望得到别人的尊重一样，得到赞美也是令人心情愉快的事情。所以一定不要吝啬你的赞美。赞美别人会使你赢得对方的好感。但是，赞美别人一定要注意分寸，要恰如其分地赞美他们身上最好的东西。即使最差劲的人身上也有优点。我们应该注意从别人身上寻找这种优点，并及时地予以赞美，这样会使你得到意外的收获。

在人际交往中，如果人人都乐于赞赏他人，善于夸奖他人的长处，那么，人际间的愉快度将会大大增加。

办公室的王丽剪了一个新发型，她把一头蓄了几年的披肩长发剪成了齐耳短发，同事们都齐声称赞她的短发清爽简洁，王丽在这鼓励声之中，对理发师的怨气一古脑儿全消了。"当时我剪完头发，觉得一点都不像我理想中的模样，气得我当时就想跟他吵一场，找他理论，怎么给我做成了这样的发型？这不愉快的心情带到了今天上班，甚至有一个客户来找我，我当时还有些气在心里，平时对客户很有礼貌的，今天不知怎么就看那个客户不顺眼！差点跟他发火，今天听了这些好听话，怎么不知不觉气就消了，心里也觉得顺畅了，看客户也觉得顺眼了，真希望你们天天说让我开心的话！"

可见，一句简单的赞美能给别人带来多大的好处。善于赞美别人会使自己拥有很好的人缘，才能更好地与他人相处。善于赞赏别人也会使一个领导者具有神奇的力量。如果对下属说："大家知道，你很能干。最近单位人力紧张，有件事我们希望得到你的帮助。"这样一来，你的下属一定会为你分忧，即使一人干了两个人的活儿也不会有任何怨言。

有一位女大学生，她因为宿舍中人际关系紧张而苦恼。在宿舍里同学们互不来前往，各自忙着自己的事情，似乎相互都有戒心，很难倾心交谈，宿舍气氛沉闷，她希望改变这种状况，但又不知从何做起。心理咨询师告诉她：从现在开始，试着夸奖他人，真心赞赏他人的长处，如："你今天气色很好！""你的眼睛真亮！""这件裙子对你再适合不过了！"等等。不久以后，她宿舍的气氛完全变了样，大家相互帮助，彼此关心，在一起时有说有笑，下课后都愿意回宿舍，好像宿舍有一种无形的吸引力。

赞美别人，有助于发扬被赞美者的美德和推动彼此友谊的发展；赞美别人，仿佛用一支火把照亮别人的生活，也照亮自己的心田，可以消除人际间的龃龉和怨恨。赞美别人是一件好事，但它却不是一件易事。赞美别人时也需要掌握一定的赞美技巧，如不审时度势，即使你是真诚的，也会变好事为坏事。这就需要掌握一些赞美的技巧：

从否定到肯定的评价

在赞美别人时，如果只是平铺直叙，这样的效果是有限的。如果采取从否定到肯定的赞美方法，也许效果会更好。如一般的评价是"我像佩服别人一样佩服你"，从否定到肯定的评价则是"我很少佩服别人，你是例外"。

赞美别人得意的事情

每个人谈到他认为得意的事情时，往往希望得到热烈的回应。因此，当别人谈到自己得意的事情的时候，我们不妨给予一些适当的赞美。例如，当上级谈到最近做成了一笔大生意的时候，你可以通过像"不得了，我还从来没看到过这么大的订单呢"这样的话来表达自己的敬佩之情。

真实的情感体验

这种情感体验包括对对方的情感感受和自己的真实情感体验，要有发自内心的真情实感，这样的赞美才不会给人虚假和牵强的感觉。

用词要得当

一定要注重对方的感受。如果对方恰逢情绪特别低落，或者有其他不顺心的事情，过分的赞美往往让对方觉得不真实，所以应注意观察对方的心理状态。

凭你自己的感觉

每个人的感觉都是灵敏的，也能同时感受到对方的感觉。在赞美别人时，要相信自己的感觉，恰当地把它运用在赞美中。如果我们既了解自己的内心世界，又经常去赞美别人，相信我们的人际关系会越来越好。

朋友们，去慷慨的赞扬每一个人吧！每个人，都有他值得被别人赞扬的地方。赞美别人一定要真诚，绝不是虚伪。

赞美他人会使别人愉快，被赞美者的良性回报也会使我们自己感到愉快，从而形成人际关系的良性循环。

赞美别人等于赞美自己

如果出一份试卷：你为什么要赞美别人？可能有一些人会说，是一种应酬，或者是一种需要……。其实赞美别人，就是赞美自己。

在一次演讲比赛中，演讲的主题是"人生"。有一位高位截瘫的青年讲完后，一位中年人深深呼出一口气，兴奋地朝赵明转过头连声称赞："了不起，了不起，这才是演讲，这才是人生呵。"赵明和他并不相识，而且他也并不知道赵明将是下一个演讲者。的确。那位青年演讲风格朴实无华，以真情打动了人心；而赵明却正想着自己的演讲，况且他也算我的"对手"吧，虽然感到他的演讲很成功，却没有十分投入，是以一种旁观者的态度来对待的。中年人诚挚和充满感情的赞美，立即使赵明惭愧起来。当赵明登上讲台后，开场第一句话竟是对刚摇着轮椅离开的那位青年，或者说是"对手"给予了赞美。赵明感到全场很静，赵明的演讲也收到了预期效果，赵明结束演讲走向座位的时候，中年人冲赵明使劲鼓掌，两次把手举过了头顶。

赞美不是谄媚与逢迎，赞美别人也不是人云亦云；我们也许不会轻易赞美别人，但对那些意气相投的人，值得我们钦佩的人，或者相逢并不相识的人，如果对他们的赞美是情不自禁的，那么，我们自己也将同时感到无比愉快。

社会是一个大家庭，与别人交往的过程中，适当地赞美对方，总是能够创造出一种热情友好、积极恳切的交往气氛。这是因为，赢得别人对自己的赞许，是人类一种本能的需要，人们正是在别人的赞美声中认识自己存在的价值。

英国首相邱吉尔说过："你想要人家有这样的优点，那你就这么真诚地赞美他！"

适当地赞美对方，能够很自然地赢得对方友好的回报。有的人总是抱怨别人不热情，友好的赞许，总能换取对方同样的态度，从而为相互沟通开亮绿灯。

在人际关系中，要善于赞许，那么你将成为一个有同情心、有理解力、有吸引力的人。

由衷的赞美别人，是人生中最能令对方温暖却最不令自己破费的礼物。当然，它的价值也是难以估计的。

当你用心观察到对方的优点，并且发自真心地表达赞美，友善的关系便在一言一语中逐渐建立、积累。

在充满赞美的环境中长大的人，比较有自信。经常受到老师赞美的学童，课业成绩比较好。甚至，连农夫在牧场上赞美一头母牛，都能使它产出更多、更好的牛奶。千万不要忽视赞美的力量。

对自己缺乏自信的人，讲不出赞美的话。它过度担心对方会以为他的赞美里有别的企图，为了表示自己的清白，他宁可保持缄默。

生性自卑的人，更吝啬于赞美别人。他误以为夸赞别人的优点，会把自己比下去。

其实，赞美别人，就是肯定自己。由衷地表达对别人的欣赏，就是对自己有信心的表现。在别人的优点中，肯定了自己的眼光；在别人的特色中，肯定了自己的气度；在别人的表现中，肯定了自己的观察。

不要以为赞美别人是一种付出。从"生命能量"的观点来说，这其实是一种能量的转换，对别人赞美的时候，你已经获得更多的能量。你从嘴里吐出字字赞美的话，就如粒粒珍珠，挂在胸前，它令你充满喜悦的心，更加光华耀眼。

赞美别人，用自己的善意灌溉别人心中的花圃，将开出朵朵心花，美化自己的人生视野。

7. 宽容待人，赢得友谊

宽容是藏在内心深处的爱心体谅，是一种智慧和力量。中国有句古话："海纳百川，有容乃大。"宽容不仅是对生命的洞见还是一种文明的胸怀。

如果青少年有一颗宽容的心是一种非常珍贵的感情，它主要表现为对别人过错的原谅。这种感情对于孩子个性的健康发展，尤其是情感的健康发展，以及对良好人际关系的建立有着非常重要的意义。富有宽容心的孩子往往心地善良，性情温和，惹人喜爱，受人拥护；而缺乏宽容心的人往往性情怪诞，易走极端，不易为人亲近，因而人际关系往往不好。

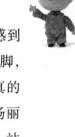

杨丽是一个脾气暴躁，容易生气的人，朋友很少，令她时常感到孤独寂寞。有一次做课间操，解散后，她被同班的一个同学踩了一脚，那个同学赶紧向杨丽道歉，他点头、弯腰，连声说："对不起，真的很抱歉。踩疼没有？"还从口袋里拿出一包餐巾纸递给杨丽。可杨丽没有理会他诚恳的道歉，反而说："你眼睛瞎了吗？这么大一个人站在你面前，也要来踩，你脑子有问题吧？真是的。"骂完后，杨丽又瞪了他一眼，便愤愤地准备离去，这时周围的同学都愣住了，踩着她脚的那位同学被骂得满脸通红，杨丽听到有一位同学小声说了句："犯得着这么生气吗？只不过踩了一下脚，并且别人马上赔礼道歉了。没劲，走！"

忍让宽容是中国人民的传统美德。古人有训："得饶人处且饶人。""吃亏就是便宜"、"退一步海阔天空"等等，均是这种精神的体现。

宽容是融合人际关系的凝固剂。法国著名的文学大师雨果曾说：

169

"世界上最宽阔的是海洋，比海洋宽阔的是天空，比天空更宽阔的是人的胸怀。"宽容不仅是美德，也是一种明智的处世原则。在人与人之间日常交往中，它是一种可取的人生态度。青少年在与朋友、同学、甚至路人在不同的场合交往接触，总免不了与意见相左、磕磕碰碰的时候，只要不是原则性的问题，各自主动退让，宽以待人，少计较得失，有利于减少矛盾，维护人际间的和谐，于人于己，都是有益身心的事情。尤其在现代社会，人们的出现过于计较个人功利的倾向，这种宽容忍让的精神更是应当加以提倡。

佛经言："一念境转。"如果你选择了仇恨，那么以后的生活都将会在黑暗中度过；如果你时刻想着如何去报复别人，那么你就会整日愁容未展、心事重重；相反，如果你选择了宽容，放下心中的包袱，给对方一个灿烂的微笑，把阳光洒向大地，阳光也会照在你身上。因此，宽以待人、宽大为怀是中国的古训，也是一种美德，更是协调人际关系的润滑剂。

那么怎样才能做到宽容待人呢？

1. 容忍别人的缺点

青少年朋友应该明白，人人都有缺点和不足，只要不是特别过分，就应该理解和宽容。在学校和同学相处，要学会包容和忍耐别人的缺点。因为，自己也可能有别人讨厌的缺点，多一点包容也就是多给自己机会与别人好好地相处。世界上没有相同的两个人，每个人和每个人都不一样的，所以要学会容忍。

2. 把复杂的事情简单化

作为青少年，如果与一个性格特别执拗的同学在一起，两个人都不懂得宽容的时候，那么矛盾就会越来越深。其实，这样的朋友也没有别的毛病，只是性格太执拗。要想包容他，你就必须把复杂的问题想得简单一点，否则的话冲突会越来越激烈。

3. 不要记仇

仇恨可以蒙蔽人的眼睛，仇恨就是人心里长的一个毒瘤，它会随着仇恨的增长而在体内长大，仇恨的人不懂得如何去宽容别人。

4. 从小事做起

大凡成功的大事，都是从细小的事做起；困难的事，其实是由很多容易的事组成的。而宽容的人，始终不会计较名誉、地位，当然做事总愿做小事，所以总是把有好处的事情让给别人去干。同时，事情做成功了，也不把功劳归自己所有。没有做成功，也不沮丧，而是及时查找原因，逐步完善。所以说，只有你做好每一件小事，你也就学会了宽容。

5. 善于理解别人

善于理解别人，以豁达的胸怀原谅别人。他人无意或过失伤害了自己，不予计较和追究，原谅、饶恕他人的错误和过失，哪怕是他人故意刁难自己，只要没有造成严重伤害，对方又表示了歉意，也应原谅、饶恕对方。

8. 尊重他人，为友谊加分

尊重他人是情感互动交流的基础，是爱心的付出。简单地说，人与人间的相处，爱是基础，尊重是表现形式。如果人与人之间没有广博而真诚的爱作为基础，就不会懂得尊重他人；然而，如果没有对他人的尊敬，那么，人世间的友爱也就无从谈起。所以，作为新一代的青少年要懂得尊重他人，学会奉献真诚的爱心，只有这样才会得到他人的尊重。

青少年学会尊重他人不仅是一种态度，也是一种自身的能力和美德。它的基础就是为他人着想、给别人面子并维护别人的自尊。每个

171

人都有自尊心，如果你想要别人尊重你，首先就得尊重别人。在这个社会上，一个不知道尊重别人的人，是不会得到别人的尊重的。所以，青少年在交往中，一定要用和蔼的态度对待对方，这样你才能得到别人的尊重。

在这个世界上，人都是感情动物，只有你对他好了，他才会对你好。自己的态度决定了别人对你的态度，就好比一个人站在镜子前，当你笑时，镜子里的人也会笑；当你皱眉不展时，镜子里的人也是如此；如果你对着镜子大喊大叫，那么镜子里的人也会怒气冲冲地对你大喊大叫。换句话说，你不尊重别人，别人也不会尊重你。所以，要想获得他人的尊重和好感，就必须先尊重他人。

生活在社会这个大家庭中，每个人都希望得到别人的充分肯定，每个人都希望自己的成绩得到别人的认同，每个人的人格都希望得到别人的尊重。然而，只求索取不求付出是不现实的，也是不会被人接受的。那么，青少年应该怎样才能得到别人的尊重呢？古语道："己所不欲，勿施于人"。试想一下，你没有尊重别人，那么别人怎么会尊重你呢。同样，你如果将怠慢和不敬施于人，他人又怎么能快乐得起来呢？因此，要想得于他人的他人，就必须平等地对待身边的每一个人。

随着时代的进步和发展，人们将尊重他人看作生活中的重要部分，每个人都有自尊心，无论是三岁小孩还是年过花甲的老人，都渴望得到别人的尊重。有关心理学家研究表明，每个人交友和受尊重的欲望都非常强烈。生活中如果老师还没有叫下课，就有同学大声叫着说："下课了"，此时，老师听了会有什么感觉，他认真教学而得不到同学们应有的尊重，心里会非常难过的。每个青少年都渴望自立，都希望成为家庭和社会中真正的一员。当你回到家时与父母或长辈打声招呼，这是对他们最起码的尊重；上课时专心听讲，课下按时完成作业，这是对老师辛勤劳动的尊重。如果你能以平等的态度与他人沟通交流，在对方受到尊重的同时他们对你也会产生好感。相反，如果你表现得居高临下、盛气凌人，那么，在别人心理上会感觉到自尊心受到了伤害，就会拒绝与你交往。

青少年在与别人沟通时，千万不要伤害对方的自尊心，否则，受损失的一定是你自己。俗话说：得人一尺，敬人一丈。意思就是说只有学会尊重别人，别人才会加倍的尊重你。如果你想处处得到别人的尊重，那么，你就先从学会尊重别人开始。因此，青少年在生活中，要时刻学会尊重他人，关爱他人，让生活更加美丽。

在美国，有一位中国留学生，他常常在课余时间帮一家中型西餐厅洗碟。

厨房的管理员是一位典型的美国人，他很慷慨大方，但是他最不好之处就是很唠叨。他经常在留学生工作时，自己站在旁边"演讲"："你太幸运了，美国政府批准你来我们这里读书，我又给你一份工作和食物，现在你连吃饭钱都省了……"这位留学生始终保持着沉默。

有一次，这位管理员又重复说这些话时，留学生站起身指着那管理员说："再说下去，我就一拳打扁你的鼻子"。

从此以后，那位管理员再也没有说过类似的话，因为他知道了只有尊重别人，别人才会尊重你。

上面的例子明确说明了只有真正学会尊重他人，才能得到他人的尊重，最终才不会使自己受到损失。

青少年要学会尊重。

青少年学会尊老爱幼是一种可贵的传统美德。因此，青少年在与人交往的过程中，一定要学会尊重他人。

1. 学会尊重他人的个性。青少年对于别人的习惯及观点，要具有容纳的意识。在不同的人面前尊重也是有差别的，要学会容纳别人的

个性和缺点，谅解对方的一时过错。

2. 要有的良好心态。青少年在学校的大集体中，有许多需要学习的楷模。只有拥有"虚心使人进步"的谦虚态度，把握住"三人行，必有我师焉"的处世哲学，才能学会尊重他人，同时也会赢得别人的尊重。

3. 尊重别人的个人隐私。每位青少年都有一两个知心朋友，不管你们之间的关系多么亲密，你一定要为彼此保留一份私人空间，不要随便打听他人的私人生活。相信只要你有热心慷慨的大度，当你的朋友确实遇到了解决不了的困难时，自然就会主动开口向你求助。

4. 要学会用文明语言。人类最大的交流工具就是用语言传递情感。因此，青少年要学会使用文明用语。一句简单的"对不起"是对自己的过错表示真诚道歉，这不仅体现着你对别人的尊重还突出了你的真诚友善。一句"没关系"表示你对别人过失的原谅和宽容，同时也表现出了你宽阔的胸怀。

5. 不要打扰别人的学习或休息时间。如果你的同学在学习或休息时，尽量不要打扰他们，这些都是尊重别人的具体表现。

9. 换位思考，学会理解他人

换位思考是人与人之间的心理体验过程。将心比心，设身处地的为他人着想，是达成理解不可缺少的心理机制。从客观条件上来说，它是要求我们将自己的内心世界，如情感体验，思维方式等与对方的思想联系起来，就是站在对方的立场上体验和思考问题，因此，与对方在情感上得到沟通，为彼此间的友谊奠定基础。

一位智者说过："把自己当作别人，把别人当作自己；把别人当作别人，把自己当作自己。"这句话告诉人们要学会换位思考。孔子说:"己所不欲,勿施于人"。如果你没有换位思考,等待你的极有可能是失败、痛苦、沮丧或者泪水,甚至于无底的深渊;如果你换位思考,迎接你的极有可能是胜利、轻松、希望、微笑、支持,或是至尊的荣耀。不夸大的说,天地之差,生死之别,尊卑之成因,好坏之缘由,可能仅仅是取决于换位与否。

青少年在人际交流上具有这样一种心理特征:他们一方面渴望得到别人的理解,但同时又很少主动地去理解别人,在对待老师时,这一心理特征表现得尤为突出。在人际交往中要学会换位思考,不只是站在自己的角度去看待或衡量别人,积极地换位思考,这样就会减少矛盾和摩擦,从而形成良好的人际关系。

换位思考的实质就是想人所想、理解至上。人与人之间必不可缺的就是谅解,谅解是理解的深一层包容,也是一种宽容。我们都有被"冒犯"或"误解"的时候,如果为此而耿耿于怀,那么,心中就会有解不开的"疙瘩";但如果你能站在对方的立场去感受对方的感受,或许很容易就能达成谅解。在生活中,一般只要不涉及原则性问题,都是可以谅解的。

在人际交往中,有时会有很多误解或是交往中碰到的矛盾,很多时候都是因为在考虑问题时,只考虑了自己,而忘了从对方的立场来看问题。

上完晚自习回到宿舍里,张同学给家里打电话,时间打得比较长,其他三位同学也想给家里打电话,看到张同学那副慢条斯理的样子,他们有点不高兴。而张同学在电话里谈得很起劲,好像忘了周围有人等着打电话,过了好长一段时间,张同学终于打完电话了。这时王同学开始给家里打电话,他说着说着就忘了后面的两位同学,他还没说完呢,宿舍的灯就熄灭了,后面的两位同学纷纷指责王同学,而王又指责张同学,张同学不服气,四个人开始吵了起来。

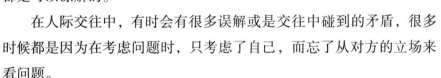

在这个事件中，很显然，张、王两位同学都是在自己的立场考虑问题的，他们心里只考虑到自己的需要，而没有为别人考虑。以王同学为例，张同学在打电话时他很着急，他抱怨张同学不考虑别人，而当他开始打电话时，他又只顾自己，不为后面的同学考虑，如果稍微为别人着想的话，就不会出现这样的矛盾了。

青少年在成长的过程中要学会换位思考。因为，人与人之间需要互相理解和信任，为此，要学会换位思考，这是人与人之间交往的基础——互相宽容、理解，多去站在别人的角度上思考。若常常表现出"以小人之心度君子之腹"，爱用怀疑的眼光看对方，这样往往会误解别人。

很多人在处理问题和与人交往的时候，总是立足于自我的立场，考虑更多的是利益和需要，却总是很少关心他人的需要，更别说是从别人的立场来看问题了。这样就造成了人际沟通中的理解发生障碍和阻塞。我们平常总说别人不理解自己，自己也不理解别人，主要就是由于我们没有站在对方的角度来看问题造成的。要做到换位思考，在考虑问题之前，我们先问自己下面几个问题：

1. 如果我是他，我需要的是……

2. 如果我是他，我不希望……

3. 如果我是对方，我的做法是……

4. 我是在以对方期望的方式对他吗？

换位思考，有时候而且是多数时候对我们都有很大的利益。当你跟别人有了摩擦的时候，如果不去换位思考，可能你就只会一味地去想你是多么的委屈，你会陷入一个胡同里跳不出来，一直想着别人凭什么这样对你。但是如果你换位思考了，也许你会发现对方跟你有一样的疑问，然后，你就会找到症结所在。

有一只狗无意间闯进一间四壁都镶着镜子的屋子，突然，看到房间里一下出现了这么多只狗，它大吃一惊。于是，对着这些狗龇牙咧嘴、喉咙里发出阵阵攻击的低吼。那些狗也对着它张牙舞爪，而且都是怒吼的面容。这只狗一看，吓坏了，于是，它不停地狂吠着试图逃走，没想到它一跑，那些狗也跟着它追。它只好不停地绕着屋子跑，直跑得体力透支，倒地死亡。

可见，以自我为中心的意识是无法生存的。如果这只狗会换位思考的话，那么它会先朝那些"狗"摇摇尾巴、其后果也会是截然不同的。

那么，青少年怎样才能学会换位思考？

1. 在交往中学会换位思考。青少年的出生背景各不相同，想法、意见、理解也不同……也许某一天，你的朋友会让你生气，请先站在对方的角位思考一下，到底是为什么？有时候，往往会因为自己所处的环境而导致改变自己的内心想法，这就是影响人际关系的障碍。每一个人的思考都是有所不同的，在处理人际关系时都应换位思考，站在对方角度思考问题，只有这样才能提升人际交往能力。

2. 在理解中学会换位思考。换位思考是理解别人的想法、感受，从对方的立场来看事情。但是不幸的是，许多人的换位思考却缺少了这一个要素。他们或是站在自己的位置上去"猜想"别人的想法及感受，或是站在"一般人"的立场上去想别人"应该"有什么想法和感受。这种换位思考并不是真的换位思考，而是以本位主义来了解别人的想法及感受，这并非真正地为别人着想，因为它忽略了"对方"真正的想法及感受。这种做法缺乏了尊重，尊重别人的责任，尊重别人的能力，尊重别人的自主权。在与别人交往的过程中，别忘了换个位置思考，多一份理解与宽容。

学会换位思考是很重要的。一个人如果具备了这点，他便能使自己快乐，也同时使别人快乐。对于能换位思考的人来说，每天都是美的，每个人都是友好的，透过屏窗望到的是茫茫草原上白云朵朵，万绿丛中红花点点镶嵌之美景；而对于不懂得换位思考的人来说，每天都是最最痛苦的煎熬，每个人都会对别人冷眼旁观。所以，学会换位思考成就自己，也快乐别人。

10. 战胜冲动，避免冲突

　　青少年时期是个易冲动的时期，所以比较容易与别人发生冲突。在生理学上，冲动是指神经受到刺激后产生的兴奋反应。在日常生活中，冲动是最无力的情绪，也是最具破坏性的情绪，也就是说理性弱于情绪的心理现象。当和同学发生冲突了，不要用暴力的方式来解决。

　　冲动是魔鬼，其结果青少年将为之付出很大的代价。

　　一般青少年的情绪特征是以冲动和暴发为主的，这就叫做边界性格紊乱的心理疾病。在现实生活中，青少年常常会遇到很多不称心的事情。例如：学习时受到外界干扰，珍爱的物品被别人损坏或自尊心受到伤害等，这些都容易使其发火。有些青少年与人相处时往往因为一言不合就火冒三丈。在情绪冲动时做出使自己后悔不已的事情来。所以，经常发火对人对己都是不利的。因此，青少年应该采取一些积极有效的措施来控制自己冲动的情绪。

　　有关专家说"冲动的行为对于他们来说总是有特殊的意义，"青少年时期迈向成熟的过渡时期，他们情绪和感情都极不稳定。有些青年学生不善于控制情绪，因此，而深受其害。比如，有时因不值得一提的小事而极度悲伤或大发脾气，有时因为成绩不理想而沮丧。还有的青少年常常被悲观、忧郁、孤独、紧张等不良情绪所困扰，导致对学习缺乏主动性和自觉性；甚至有的青少年因为成绩不好或学习压力重，就跳楼自杀。由此可见，自身的情绪控制非常重要。实践证明，调节自己的情绪最好的办法是先把你认为恼火的事搁在一边。等你冷静下来后，再去处理它们。其实，一个人的情商高低，是体现在自身情绪控制的成败上。发脾气是值得赞扬的，如果你能把握住在适当的场合理智地发脾气，那也是非常明智的做法。因此，控制情绪不只是简单的抑制，而是在自我教育、自我评价和自我调节中进取的。

珠海市某中学初二学生小可，今年16岁，他在家中是独生子，长这么大以来他一直是家长眼中的乖孩子。最近，小可突然发现自己变得脾气暴躁起来，有时因冲动还与其他同学吵架，事后仔细想想都是鸡毛蒜皮的小事，根本就不必要小题大做。在家里他也经常与父母怄气，有时父母批评他几句，他就暴跳如雷、大动肝火，把父母气得直跺脚，但是也无可奈何。小可为自己的脾气感到很苦恼，他知道自己不对，可是事情一旦发生了，他又控制不住自己的情绪，过后又十分后悔。

有一天，同桌借了小可的一支钢笔，但是因不小心把笔弄坏了，小可很生气，虽然同桌诚恳地向他道歉了，但是小可还是当众把同桌骂了一顿，这一举动严重影响了他们之间的友谊，而且，小可的形象在其他同学眼中也大受损伤。小可为此事内疚了好久，他真的搞不懂自己现在怎么那么的冲动。

上面例中的小可就是因为情绪冲动，一而再再而三地犯错，最终造成犯下不可弥补的过错。那么，爱冲动的青少年应采取一些积极有效的方法来控制自己冲动的情绪。

1. 理智地控制自己的情绪

用理智和意志来控制情绪，表面上是对自己的自由约束，其实，这种约束却能使你获得更多的自由。青少年在遇到强烈的情绪刺激时，要强迫自己冷静下来，并快速分析事情的前因后果，然后，采取消除冲动情绪的"缓兵之计"，用理智战胜情绪上的困扰，正确评价自己，这不仅看到了自己的优势，也看到了自己的不足；进而使自己远离冲动、鲁莽的局面。因此，在某种意义上，青少年如果能够理智地控制自己的情绪也意味着主宰了自己的命运。

2．用暗示、转移注意法

如果青少年遇到了使自己生气的事，一般都触动了自己的自尊和利益，此时是很难冷静下来的，所以，如果你发现自己的情绪非常激动、难以控制时，可以采取暗示或转移注意力的方法来做自我放松，并鼓励自己克制冲动的情绪。坚信冲动并不能解决问题，要锻炼自制力，学会用转移注意力或暗示的方法来处理问题。

3．培养沟通的能力

在你不生气的时候，去和那些经常受你气的人谈谈心。听听彼此间最容易使对方发怒的事情，然后，想一个好的沟通方式，注意控制自己的情绪不让自己生气。你可以出去散散步来缓和自己的情绪，这样保持一个平衡的心态你就不会继续用毫无意义的怒气来虐待自己了。

4．让自己冷静下来

在遇到冲突和不顺心的事时，最好不要去逃避问题，要学会掌握一些处理矛盾的方法。你可以考虑一下事情的前因后果，弄明白发生冲突的原因，双方分歧的关键在哪；然后，进行冷静的分析并找出一个切实可行的方法。例如：当你被别人无聊地讽刺或嘲笑时，如果你顿显暴怒，反唇相讥，就会引起双方的强烈争执，最终可能会出现于事无补的后果。此时，如果你冷静下来，采取一些有效的对策，如用沉默来抵挡抗议或者指责对方无聊，这样就会有效地抵御或避免冲动的情绪发生。

5．多参加户外运动

心理学家研究表明，运动是有效解决愤怒的方法，特别是户外活动。青少年时期正是年轻力壮的时候，要主动参加一些消耗体力的户外运动,例如:登山、游泳、跑步或拳击等,使那些不良的情绪得以宣泄。如果你觉得自己的情绪无法控制时,可以主动做一些户外运动,让冲动的情绪随着运动一起消失。

11. 对朋友真诚是你的责任

友情,代表的不只是一份感情,还代表了一份信任,一份责任。每个人在人生的旅途中都会遇到不同的困境,在这个时候可以帮你渡过难关的除了亲人以外就是你的朋友。

有时朋友的一句话,或一个建议可以让你胜读十年书,让你少走很多弯路,人生如同风云,变幻莫测,难以预料,所以人都有旦夕祸福的时候,在这个时候,如果有朋友给你指点或支援就会让你化祸为福,如果你有烦恼和忧愁找一个朋友诉说就会减轻这些苦恼。一个普通的朋友从未看过你哭泣;一个真正的朋友有双肩让你的泪水湿浸;一个真正的朋友会帮助你脱离困境当成自己的责任。

在我们人类所珍视的所有情感中,除了亲情和爱情之外,大概就是友情了。一个人不可能只拥有感情和信任,而遗忘责任,否则,那样的朋友,也不是什么真正的朋友。每个人对朋友也都有一分不可逃避的责任,如果真的是朋友,那就应该担当起对友谊的责任,这样才能得到真正意义上的朋友,真正一辈子的挚友。

每个人只要生存在这个世界上就无时无刻不在担负着责任。友谊亦相同,你在和朋友分享快乐时也会在意他的烦恼,而你也同样渴求他们如此待你,没有虚伪和欺骗。友谊是在信任的条件上建立起来的,如果你想要朋友,对朋友真诚的责任是必需的!否则就称不上朋友了,那只能算是相识一场。

我们每个人都渴望得到朋友,朋友是金,朋友是银,朋友是阳光,朋友是月亮，朋友是星星，朋友是在你走向黑暗时，为你点亮明灯的那个人。朋友不会因为你现在处于困难时期，而离你远去的人；朋友不会因为你处在人生低谷的时刻而抛弃你的人。但想要得到真正的朋友，我们自己首先要学会真诚。对朋友真诚是我们的责任，把对朋友真诚当成自己的责任，用一颗真诚的心对待自己的朋友，总会得到真诚的收获。

晓华是班上的语文课代表，有一次作文口头竞赛，初赛时，她负责掌握时间——按秒表。她的好朋友小艳也在这次参赛中，在比赛前小艳悄悄告诉晓华，让她手下留情多给自己些时间，她怕自己的作文太长时间不够用。晓华听了没动声色，小艳以为她那是默认了。便自信满满的准备稳拿第一。

"开始!"晓华严肃地宣布。小艳就开始滔滔不绝地说着，可是在快要接近尾声时，只听咚的一声，晓华竟然准时按下秒表。在所有人中，只有小艳超时了! 她觉得好没面子! 好伤心! 对晓华的举动更是感到不可谅解和生气。小艳在心里想：什么好朋友，这点小忙都不帮，害得我在众目睽睽之下出丑、难堪，让我陷入万丈深渊。就这样，小艳毅然决定不和晓华做朋友了。在以后的几天里，小艳见到晓会一直装作没看到。晓华已经察觉到小艳在生气了。她一直想找机会给小艳解释，可小艳总是不屑一顾，不理不睬的扬长而去。因为小艳对晓华已经心灰意冷了，觉得她们的友谊已不复存在。

这天，晓华在放学的路上截住了小艳，说要跟她解释清楚。小艳极不满意地停下来。晓华说："我知道你很生我的气，可你知道吗?我其实也有难言之隐呀! 朋友是要讲诚信，讲原则，如果没有这些，友谊还会有价值吗?"小艳说："你不用再解释什么了，朋友请你帮忙。你却……亏我还把你当成最好的朋友，在比赛前我又不是没跟你说! 你竟然让我当众出丑，一点儿面子都不给我。""对不起! 我也不想这样啊！形势所迫！当时有那么多老师和同学在场。再说，要是你在我手里过了关，不再提高自己，到了决赛时能独占鳌头吗？不如我帮你拿到真正的冠军。"小艳听了恍然大悟，她们也和好如初。

在接着的几天里，晓华天天陪小艳一起练习，又帮她修改稿子，给她指出不足，还给她出点子，鼓励她上台时不要太紧张。每天晓华都坚持不懈地督促着小艳，有时练得满头大汗、力倦神疲，晓华就在旁边给她倒水，讲笑话让她缓解紧绷的神经。就这样，小艳终于把握住了时间。"皇天不负有心人！"在她们两个共同努力下，那次口头作文决赛，小艳获得了一等奖！她很开心，对晓华有说不尽的感激。后来晓华也因此被评上了"优秀班干部"的称号。

由此可以看出：友谊应建立在同志中，巩固在真诚中，发展在批评中；不然，就会断送在奉承中。朋友是你遇难时救助的大手；朋友，是雨后美丽的彩虹；朋友，是快乐的音符，为你排忧解难。也只有这样的朋友才算的上是真正的朋友，对朋友真诚也是我们每个人的责任。而我们中学生，正处在人生的一个重要阶段，随时都有可能因为一时的失误而造成不可挽回的过错，所以，我们更需要有朋友在身边为我们点亮人生的路灯。

说到诚信，现在可能会有许多中学生觉得这是无足轻重的。但是，诚信却是我们不可缺少的一种责任。因为诚实，朋友会更加信任你，但是如果在朋友信任你时，你却做不到的话，就会给朋友不好的印象，或者减低对你的信任度。社会呼唤诚信，时代需要诚信。诚信不仅是一种品行，更是一种责任；不仅是一种道义，更是一种准则；不仅是一种声誉，更是一种资源。我们拥有了诚信，就拥有了终身受益的法宝，就拥有了取之不竭的资源，就拥有了促进发展了保证。所以，为了你和朋友的友谊长存，为了以后得到更好的发展，作为彼此朋友的我们，都应该注重责任二字。

　　盈盈和绮绮是同学，也是好朋友。星期五下午放学时她们约好星期六早上六点一起到公园跑步。回到家后，盈盈早早就把作业完成了。刚吃饱饭，就上床睡觉了。可是，她怎么也睡不着，一直在想着明天和绮绮一起跑步的情景。直到夜很深时，盈盈才带着笑容进入了梦乡。

　　星期六早上，不到六点，盈盈就起床了。可是外面下雨了，并且下的好大，盈盈就穿好了雨靴，拿好雨伞，准备出去。这时候正在厨房做早餐的妈妈听见"咚、咚、咚"的脚步声，走出大厅，看见盈盈穿着雨靴，拿着雨伞就上前询问："盈盈，这么早，外面还下着雨，你要到哪里去啊？"盈盈回答说："我约了绮绮今天早上6点一起去公园晨运。"说着就往外面走，妈妈忙劝阻她："外面下着那么大的雨，哪有人还出去啊，绮绮肯定也不去的了。你打个电话给她，改约下次好了。"盈盈又说："不行，我一定要去，我不能失信，我要对我说过的话负责。"妈妈知道自己劝不了她，只好说："外面路滑，要小心一点，记得早点回来。"

　　盈盈到了她们约好的公园，看见绮绮也来了，两人四目相望，会心地笑了。她们俩打着雨伞，踏着雨水，在雨中跑步。这两个小伙伴阔步前进，成了公园里的又一景点，游人向他们投来赞许的目光。虽然外面下着雨，天气也很冷，但她们都很开心，还觉得心里暖洋洋的，因为她们的行为是为彼此负责。

　　她们只是小学生，就能为自己的言行负责，用行动来维护自己许下的承诺，更何况我们这些每天接受高等教育的中学生呢，我们应该是她们的表率才对，也做一个诚实守信，珍惜友谊，对自己，对他人负责的人。

第二节　友情测试　情义无价

1. 朋友双方信赖吗

我们每个人都希望有一个值得信赖的朋友，也希望获得朋友的信赖，但你是否考虑过，即我们自己符合做"朋友"的要求吗？在朋友的眼中，你是否值得信赖？忠实地回答所有的问题，记下你的答案，在附表中找到相应的分数，然后将得分相加。文后的解释将让你了解自己究竟是哪种类型的朋友。

*1、*你知道很多你朋友的轶事。

A、你讲给人们听；

B、讲出来，但隐去真名；

C、守口如瓶。

*2、*你的朋友经常借贷，但借了的东西很少归还。现在他向你借一样贵重的东西，你怎么办？

A、借给他；

B、告诉他你没有；

C、讲明原因后拒绝他。

*3、*朋友无意中摔坏了你的表，你怎么办？

A、你说你再买个新的；

B、你要求他付钱或想法赔偿；

C、你拒绝他的赔偿，但有意找碴吵闹。

*4、*你的朋友和你不喜爱的一个人关系密切，在这种情况下：

185

A、你与朋友断交；

B、什么也不说，继续与朋友保持友好关系；

C、你要求朋友在你和那个人之间做出选择。

5、你感觉到你的朋友很快将有大的不幸，这时：

A、断绝和他的关系，为的是怕影响自己；

B、坦率地和他谈；

C、继续保持友谊，一如既往。

6、你认为，真正的朋友应该：

A、和你分享一切；

B、说并且只说自己想说的事；

C、问题留给自己，保留自己的想法。

7、你知道你的朋友需要钱，而你恰好有足够他用的钱，你会说：

A、"拿去吧，你给过我快乐。"

B、"记住，你帮过我许多次，而我的效劳无法与它们比。"

C、"先熬一段时间，节省开支，艰苦度日。"

8、如果你想找朋友借钱，你怎么办？

A、你绕圈子暗示他；

B、你请求借贷；

C、你什么也不对他说。

9、你的朋友买了一套服装，你认为他穿不合适，那么你：

A、告诉他，服装对他不合适；

B、说不合适并解释为什么；

C、什么也不说。

10、你认为你的朋友：

A、比你更有知识和文化修养；

B、在知识和文化修养方面不如你；

C、在这个方面智力平等或大致平等。

评分标准：

1、A. 1；B. 2；C. 3；　　　2、A. 2；B. 1；C. 3；

3、A. 3；B. 2；C. 1；　　　4、A. 2；B. 3；C. 1；

5、A. 1；B. 3；C. 2；　　　6、A. 1；B. 3；C. 2；

7、A. 2；B. 3；C. 1；　　　8、A. 1；B. 2；C. 3；

9、A. 1；B. 2；C. 3；　　　10、A. 2；B. 1；C. 3；

解析：

21—30分：

你的确是一个好朋友，你的朋友信任你并赞扬你，你完全有权利在必要的时候得到你朋友们的帮助。

15—20分：

你有很多朋友，但像我们中的大多数人一样，在和朋友们的关系上你有时无法表现出应有的理解。你希望把自己放在他人的位置上，但你不知道应该如何表达。

10—14分：

你比较过分注重自我而轻视周围的人，你的这个性格是纯真友谊的屏障。要想成为一个好朋友，需要你对他们和他人的问题表示更多的关心。

2. 交际能力的测试

你的人际交往能力如何？下面的30道自测题可供参考。请你根据自己符合的程度打分：凡符合者打2分，基本符合打1分，判断不清打0分，不大符合打 -1分，不符合的打 -2分。

1、我不喜欢广交朋友。

2、我去朋友家作客，总是问有没有我不熟悉的人也去聚会。如果有，我的热情就明显下降。

3、我同别人的友谊发展，多数是别人采取主动态度。

4、我的文字表达能力远比口头能力强。

5、我的朋友都是与我年龄相差无几的。

6、我不习惯与别人聊天。

7、在公共场合讲话，我不敢看听众的眼睛。

8、我看见陌生人常常不知道该说些什么。

9、我的要好朋友很少。

10、在陌生的异性面前，我往往感到手足无措。

11、我只喜欢同我谈得拢的人接近。

12、到一个新环境，我可以接连几天不讲话。

13、如果没有熟人在场，我很难找到彼此交谈的话题。

14、我不习惯在大庭广众中讲话。

15、如果在"主持会议"与"做会议记录"这两项工作中挑一样，我肯定只挑选后者。

16、我很少主动到同学、朋友家去访问晤谈。

17、领导在场时，我讲话特别紧张，结结巴巴，表达不清楚。

18、参加一次新的集会，我不会认识多少人。

19、当别人请求我帮助而我无法满足对方要求时，我常常不知道如何处理。

20、不到万不得已，我决不求助于人，这倒不是我生性好强，而是感到难以启齿。

21、即使我觉得很有道理，也不善于去说服别人。

22、当有人对我不友好时，我往往找不到恰当的对策。

23、我不知道如何与嫉妒我的人相处。

24、我最怕在交际场合碰到令人尴尬的事情。

25、我不善于赞美别人，感到很难把说话说得真切自然。

26、如果有人话中带刺讥讽我，除了生气以外，我别无他法。

27、我几乎没有异性朋友。

28、参加集会，我只坐在相识的人身边。

29、我不喜欢同比我地位高的人交朋友，我感到这种交往不自在，很拘束。

30、我最怕同别人打交道，不敢做接待工作。

解析：

以上自测试题计算总得分后，如果你的"成绩"在 30 分以上，那么很遗憾，你的交往能力是非常差的了；如果"成绩"在 1—29 之间，那也不妙，你的交往能力还属较差；如果得分在 –20—0 之间，你便可以知道自己交往能力还可以；如果得分低于 –20 分，那么你应当高兴——你是一个比较善于交往的人。

3. 你善于与人交流沟通吗

下面问题，是的就画"○"

1、在街上如果有外国人向你问路，我会告诉他。

2、朋友三人聚在一起时，就会说说别人的闲话。

3、一天内至少会有一位朋友打电话来。

4、在大家面前说话，面不改色。

5、一个月订三本以上的杂志。

6、看电视会又哭又笑。

7、可以一下说出本周流行歌曲的前十名。

8、不论男女都可一视同仁地交往。

9、为了朋友可以逃学。

10、崇拜新闻主播。

3 个以上

要更开朗些：你不善言词，朋友无法与你长谈，别人会觉得你很无趣。首先要改变你消极的个性，努力突破自我的障碍。

4个至7个

善于讲话型：你永远有说不完的话，是标准的爱讲话型。你说话的内容丰富，让人很愉快，因此你的朋友都很喜欢你。

8个以上

光彩亮丽型：你对流行很敏感，跟任何人都可以谈得很愉快。从现在开始，对你来说，重要的课题就是要培养自己的品味，大家很注意你哦，加油！

4. 你是重感情的人吗

生活中，你是一个怎么样的人？你是否很重感情吗？来测试下面的题目吧！

题目：生活中也许我们会遇到搬家的情况，如果你要搬家了，看到东西那么多，要丢弃一些东西，你会把什么扔掉呢？

A. 扔掉过时衣服

B. 扔掉大学的书籍，你带着它们辗转搬了好多次

C. 扔掉那张陪伴三年的小床，现在看它是越看越小

D. 扔掉那台二手电视，一直是用敲敲打打的方式，它才肯画面清楚

请凭第一感觉从上面选项中选好你的答案，然后点击下一页查看测试结果。

A. 你成熟了，理智了，也不可阻拦地失掉了些东西。曾经的青春色彩和飞扬性格，岁月流逝，总有些东西会随之溜走，不管你情愿也好，不愿也罢，聪明的人会懂得舍弃，懂得适应。你应该算是一个聪明人吧，会选择，会放弃，是好事。

B. 你其实骨子里是很世俗的，带着一堆书天南地北地辗转，其

190

实一直就没看过，总觉得是个纪念。背着过去满世界地跑，现在你不再背了，终于解脱了，你不用刻意迎合别人的喜好，你可以按照自己的意愿生活，想开了，一切都好。

C. 你这人喜新厌旧，有了新的，旧的再怎么好，横竖看着不顺眼，寻思着琢磨着如何把它扔掉。这种性格说不上好与不好，就看用的是否得当，用在事业上，能促你不断进步，但如果用在感情上大概有人要骂你负心薄情了。

D. 你是一个很重感情的人，一旦对一个人一件物产生了感情，就算后来成了累赘，你也不会轻易抛弃他们。这样的人一般都很受人喜欢，不过有时候太过执拗也不尽是好事，适当的取舍也是有必要的。

5. 你善于微笑社交吗

微笑能使陌生人感到亲切，使朋友感到安慰，使亲人感到愉悦，微笑是人类的春风细雨。

在现代社会，人与人之间要进行频繁的交往。而微笑，是社交成功的一个重要因素。

你善于进行微笑社交吗？请接受以下的心理测验。

1、你早上到公园或学校的第一句话是什么？

A、我昨晚没睡好。

B、早安！

C、刚才搭车时碰到一件新鲜事。

2、以下三句名言都是哲学家名言，你喜欢哪一句？

A、笑是对他人的不幸，感到好玩。

B、笑来自于优越感。

C、笑一笑，十年少；愁一愁，白了头。

3、你认为在什么场合不可放声大笑？

A、在公园里。

B、在大街上。

C、在殡仪馆。

4、人是会忍耐的动物，有时想笑却因为场合的缘故而忍住不敢笑出声来，在这种情况下你会有什么感受？

A、这是种肉体上的痛苦。

B、没有什么感受。

C、贮足笑的原料，离开那场合便可大笑。

5、你与什么人在一起时会无拘无束地欢笑？

A、与陌生人在一起。

B、与异性朋友在一起。

C、和同龄的小姐们在一起。

6、遇到交通不畅时，你可能会说些什么话？

A、真急死人了。

B、今天一定会迟到。

C、看来当原始人还好些。

7、你的一个好同学患了头痛或牙痛之类的病，一时找不到药物。这时，以下哪一句话可以起疗效？

A、不要紧，回家休息就好了。

B、来，让我教你医治的方法。

C、到时装街去逛一圈就能治好。

8、你认为以下哪一句名言富有幽默感？

A、世上本无祸福，全在于你对它的看法而定。

B、人生就好像说外国话，大家彼此运用着不正确的发音。

C、如果人生能够再版的话，你将如何改正里面的错别字呢？

9、当别人说笑时，你会怎么笑？

A、冷笑。

B、哈哈大笑。

C、微笑。

10、你如果饲养宠物，你会养什么？

A、*1* 只大狼狗。

B、*2* 只小花猫。

C、*3* 只小白兔。

解析：

A、B、C 分别代表 *1* 分、*2* 分和 *3* 分，将你所选择的答案应得分数相加，看总分是多少？

10 分以下，你根本不进行微笑社交，一向缺乏幽默感，要改弦易辙，需有专家指导。

11 分至 *19* 分，你有时有幽默感，但精神不好时表现不出来，所以你只算合格。

20 分以上，你是一个幽默家，善于进行微笑的社交，你将获得成功。

6. 你的人缘好吗

你是个人见人爱的人，还是一个被人拒于千里外的讨厌鬼？从以下的测题中就可以知道！

1、每当到一个新的场合，你对那里原来不认识的人，总是：

A、能很快记住他们的姓名，并成为朋友。

B、尽管也想记住他们的姓名并成为朋友，但很难做到。

C、喜欢一个人消磨时光，不大想结交朋友，因此不注意他们的姓名。

2、你打算结识人，交朋友的动机是：

A、你认为朋友能使你生活愉快；

B、朋友们喜欢你；

C、能帮助你解决问题；

3、你和朋友交往时持续的时间是：

A、很久，时有来往；

B、有长有短；

C、根据情况变化，不断弃旧更新；

4、你对曾在精神上、物质上诸多方面帮助过你的朋友总是：

A、感激在心，永世不忘，并时常向朋友提及此事；

B、认为朋友间互相帮助是应该的，不必客气；

C、事过境迁，抛在脑后。

5、在你生活中遇到困难或发生不幸的事时：

A、了解你情况的朋友，几乎都会安慰帮助你。

B、只有那些很知己的朋友来安慰、帮助你。

C、几乎没有朋友登门。

6、你和那些与你气质、性格、生活方式不同的人相处的时候
总是：

A、适应比较慢。

B、几乎很难或不能适应。

C、能很快适应。

7、对那些异性朋友、同事，你：

A、只是在十分必要的情况下才会去接近他们。

B、几乎和他们没有交往。

C、能和他们接近，并正常交往。

8、你对朋友、同事们的劝告、批评总是：

A、能接受一部分。

B、难以接受。

C、很乐意接受。

9、在对待朋友的生活、工作诸多方面你喜欢：

A、只赞扬他的优点。

B、只批评他的缺点。

C、因为是朋友，所以既要赞扬他的优点，也要指出不足或批评他的缺点。

10、在你情绪不好、工作很忙的时候，朋友请求你帮助他：

A、找个借口推辞。

B、表示不耐烦，断然拒绝。

C、表示有兴趣，尽力而为。

11、你在穿针引线编织自己的人际关系网时，只希望编入：

A、上司、有权势者。

B、诚实、心地善良的人。

C、与自己社会地位相同或低于自己的人。

12、当你生活、工作遇到困难的时候，你：

A、向来不求助于人，即使无能为力的时候也是如此。

B、很少求助于人，只是确实无能为力时，才请朋友帮助。

C、事无巨细，都喜欢向朋友求助。

13、你结交朋友的途径通常是：

A、通过朋友们介绍。

B、在各种场合中接触。

C、只是经过较长时间相处了解而结交。

14、如果你的朋友做了一件使你不愉快或伤心的事，你：

A、以牙还牙也回敬一下。

B、宽容、原谅。

C、敬而远之。

15、你对朋友们的隐私总是：

A、很感兴趣，热心传播。

B、从不关心此类事情，甚至想都没想过，即使了解也不告诉旁人。

C、有时感兴趣，传播。

计分法

1、A. 1；B. 3；C. 5；   2、A. 1；B. 3；C. 5；

3、A. 1；B. 3；C. 5；   4、A. 1；B. 3；C. 5；

5、A. 1；B. 3；C. 5；   6、A. 3；B. 5；C. 1；

7、A. 3；B. 5；C. 1；   8、A. 3；B. 5；C. 1；

9、A. 3；B. 5；C. 1；   10、A. 3；B. 5；C. 1；

11、A. 5；B. 1；C. 3；   12、A. 5；B. 1；C. 3；

13、A. 5；B. 3；C. 1；   14、A. 5；B. 3；C. 1；

15、A. 5；B. 3；C. 1；

答案：

15—29 分 = A

30—57 分 = B

58—75 分 = C

解析：

A、人缘很好

你能仔细考虑周围环境和他人情绪，而后决定行动。即使讨厌的事情，如有必要也能控制感情，适应环境。

B、人缘中等

整体上看来你的人缘还算可以，你也有不少朋友，平时你们相处得也不错，这是你的成功。但关键时刻他们可能疏远你。

C、人缘较差

你缺少交往，显得有点落落寡合。当然这并不一定是坏事。因为人各有志，也许你认为一个人消磨时间更幸福。不过你一定要注意健康，有些疾病特别是心病袭击的对象首先是那些孤独者，如有兴趣不妨走出狭窄天地，广交朋友。

7. 你有社交能力吗

你害羞吗？老练吗？你善于与别人打交道吗？只须在"（ ）"内添"是"或"否"就知道啦。

1、你是否经常努力与自己并不喜欢的人打交道？（ ）

2、你是否宁愿去热闹、嘈杂的地方度假，而不愿去安静的地方？（ ）

3、你欣赏强劲的迪斯舞和嘈杂的俱乐部吗？（ ）

4、你外出度假或游玩时，是不是很容易与别人交朋友？（ ）

5、一旦朋友不请自到，你是否很乐意招待他们？（ ）

6、在列车上，你是否会首先与别人交谈？（ ）

7、你喜欢组织 Party 和晚会吗？（ ）

8、你是否有许多朋友？（ ）

9、如果你在家里，你喜欢热闹还是喜欢宁静地度过夜晚？（ ）

10、在聚会时，你愿意与他人一起做游戏吗？（ ）

11、你叫得出大多数邻居的名字来吗？（ ）

12、当你和别人一起做游戏时，你主要目的是参与而不是获胜，是吗？（ ）

13、你喜欢与人而不是与机器打交道，是吗？（ ）

14、你愿意帮助他人吗？

15、你在外面用餐时，当侍者送上一盘你不喜欢的菜时，你会吃

下它吗?( )

16、你是否会对自己不喜欢的人发贺年卡?( )

17、你是否被别人誉为"聚会的核心人物?"( )

18、你喜欢结识新朋友吗?( )

19、当你走进一个房间,屋内的人你几乎都不认识,这时你是否感到自然?( )

20、你喜欢和小孩子们在一起吗?( )

21、你是否宁愿写信也不愿使用电话与别人联系?( )

22、你感觉交朋友容易吗?( )

23、假如你看见一个自己不太欢迎的客人来访,你是否会躲在屋内不见?( )

24、你家里是否会因客人来访而显得拥挤?( )

25、你是否常常担忧别人怎样看待自己?( )

检查你的得分:

1—20题 是1否0　　21 是1否0

22 是1否0　　23 是0否1

24 是1否0　　25 是1否0

解析:

16—25分:你的社交能力很强,喜爱与他人在一起,或许在人群中便是你最兴奋的时刻。

8—15分:你喜欢与他人在一起,但又不愿参加过分狂热的聚会。你的耐心是有限度的,宁可与知己共度良宵,而不愿参加热闹的晚宴。假如你发现自己晚上独自一人太孤独,你也宁可约个好友会一会,而不愿去热闹场所。

7分以下:你是个孤独者,你宁愿捧一本书,或是坐在电视机前消磨时光,而不愿外出与朋友欢聚。你常会自得其乐,自我欣赏。